KB275754

십자가에 못 박힌 십일조

십자가에 못 박힌 십일조

책쓴이 **안용수**

책평화

[일러두기]
성서 원문에 대한 관심을 가져주길 바라면서 인명·지명을 원어대로 사용했다.

우리말 성서	고대 히브리어	우리말 성서	고대 그리스어
노아	노아흐	가버나움	카파르나움
말라기	말라키	골로새	콜롯사이
멜기세덱	말키체데크	두기고	튀키코스
모리아	모리야	디모데	티모세오스
모세	모쉐	마태	맛사이오스
므두셀라	므투셀라흐	메시아	멧시아스
바로	파르오	바울	파울로스
사래	사라이	베드로	페트로스
아비멜렉	아비멜레크	사탄	사타나스
야곱	야아콥	예루살렘	이에루살렘
에서	에사우	예수	이에수스
요셉	요세프	요한	이오안네스
이삭	이츠하크		
이집트	미츠라임		

"파울로스는 야훼가 십일조를 비롯한

모든 율법규례를 십자가에 못 박았다고 선포했다."

(콜롯사이 2장 14절)

제1부
날조된
십일조
이

십일조 논쟁이 치열했다. 교회 밖에서였다.

날조된 십일조

‘십일조?’ 십일조 논쟁이 치열했다. 교회 밖에서였다. 한국교회는 무대응으로 일관했다. 떠들 테면 떠들어 보라는 식이었다. 정말 모르쇠가 상책일까?

아무도 언제부터 어떤 과정으로 이 ‘십일조’ 용어를 사용했는지 정확히 모른다. 문명이 시작됐을 무렵부터 사용했다고 한다. 고대 근동 지역의 문화가 발전하는 과정에서 자연발생적으로 생긴 용어라는 미확인된 정보가 있을 뿐이다.

십일조는 이스라엘만의 제도가 아니었다. 고대 근동 국가 대부분이 사용했다. 셈족이든 셈족이 아니든 십일조 문화가 있었다. 주로 고대 근동 지역에서 왕들과 제사장들이 백성들에게 세금을 부과할 때, 전쟁 전리품을 바칠 때, 상업 활동 때 사용했다고 한다.

그 당시에 바친 십일조는 정확한 10%가 아니었다. 10%를 측정할 기구도 없었으며, 그 수치를 확인하는 검열관도 없었다. 눈짐작으로 어림잡아 그 분량을 정했다. 10%보다 더 많이 바치기도 했고, 더 적게 바치기도 했다. 세금을 받는 왕과 제사장조차 이 부정확한 수치에 대해 관심도 없었다. 생각해보라. 그 많은 포도송이를 어떻게 다 일일이 셀 수 있었겠는가. 그 많은 밀과 보리의 정확한 10%를 측정한다는 것은 불가능한 일이었다. 바치는 사람의 '자유 의지'에 맡겨져 있었다. 그러니까 십일조가 한 치의 오차도 없는 정확한 10%가 아니었다는 점을 이해하는 것부터가 매우 중요하다. 십일조는 '수치'에 의미를 둔 것이 아니었기 때문이다.

십일조 제도를 마치 '보물단지'처럼 여긴 것은 가톨릭교회가 시작된 때부터였다. 돈이 필요한 교회 지도자들이 야훼벗들에게 세금처럼 강제로 요구하기 시작했다. 사람들은 그런 지도자들을 '교회왕'이라고 불렀다.

교회왕들은 농산물과 현금 두 가지 다 그 대상으로 하여 요구했다. 특히 현금의 경우, 계산할 때 10%에 대해 한 푼도 어기지 않는 게 야훼의 뜻이라며 강조했다. 강제로 징수하고자 법률까지 제정한 적도 있었다. 10%를 바치지 않는 자는 야훼의 것을 떼어먹는 '도둑'이라고까지 하였다. 좋든 싫든 거부하지 못하는 십일조 노예를 양성한 것이다. 어느 종교든 종교 노예화하기가 얼마나 쉬운지 모른다.

점점 누가 십일조 노예를 많이 양성할 것인가 경쟁까지 했다. 양성 비법까지 마련하여 전수했다. 그 대신, 바치는 자는 자동으로 면죄부를 받아서 천국에 들어가고 '장수 부자'의 복을 누린다며 축복기도까지 해줬다. 어떤 가톨릭 국가에서는 십일조를 내지 않을 경우에 사형을 집행하는 일까지 있었다.

그러다가 십일조가 폐지됐다. 인간의 자유·인권 운동의 결과였다. 자유로워진 인간이 그릇된 종교 권력에 맹종하지 않겠다며, 십일조 노예를 해방시켜야 한다며 애쓴 결과였다. 더 이상 십일조를 필요로 하지 않는 다른 수단이 마련된 것도 하나의 이유였다. 이를 테면, 정부가 종교세를 거두어 종교단체에 직접 지급하는 법 제도를 마련하자 교회가 스스로 폐지했다.

십일조가 다시 대환영을 받기 시작한 곳은 한국이었다. 한국교회는 구약 시대의 율법 제도들이 다 폐지된 것을 굳건히 믿었다. 그래서 양과 염소 등 동물로 드리는 여러 제사 제도들을 지키지 않았다. 또한 제사장직, 건물 성전, 토요일 안식일 제도, 안식년과 희년, 유월절 등 그 어떤 구약의 제도도 지키지 않았다. 유일하게 딱 한 가지, 십일조만 지키기 시작했다. 그래서 한국에서 ‘교회’라고 하면 ‘십일조헌금, 갖가지 명목의 헌금, 돈, 십일조 내면 부자 된다, 돈 없이는 가지 못하는 곳·차별받는 곳’ 등 부정적인 측면의 말들이 사람들의 입에 오르내렸다.

한국교회가 십일조 규례를 지키자 어느 이단단체의 공격 목표가 됐다. 십일조헌금을 하지 않는 그 이단단체는 한국교회를 향해 “너희야말로 진짜 이단, 십일조 이단이다!” 하면서 공격했다.

한국 개신교 교회 지도자들은 암흑과 같았던 중세시대의 교회왕들처럼 농산물과 현금 소득의 10%를 요구하기 시작했다. 당장 먹고 살아야 하는 현실 문제 해결책으로 십일조 징수보다 더 좋은 방법이 없었다. 경제가 발전하면서 농산물 십일조는 어느덧 자취를 감췄고, 현금 십일조만 남게 되었다. 특히 교회당 건축비를 비롯하여 여러 가지 경비가 필요하다 보니 이를 충당할 가장 좋은 방법이 십일조헌금이었다. 정말이지 중세의 교회왕들과 붕어빵이었다. 아니, 중세의 교회왕들보다 몇 수 위었다. 이렇게 십일조를 요구하는 한국교회 지도자들은 현대의 '교회왕'이 되었다.

교회왕들은, 수입의 10%를 바치지 않는 것은 야훼의 것을 떼어먹는 것과 같으니 도둑보다 더 질이 나쁜 '날도둑'이라고 했다. 그러니 '십일조 날도둑'이 되지 않으려면 수입의 10%를 바칠 수밖에 없었다. 어느 누가 '십일조 날도둑'이라는 낙인이 찍히는 것을 좋아하겠는가. 현대판 십일조 노예가 한국에서 다시 양성되기 시작했다. 교회왕들은 10%를 바치는 것이 '만사형통, 무병장수, 부자갑부, 진급출세'의 비결이라며 축복기도까지 해줘왔다. 그 축복기도 끝에는 항상 빠뜨리지 않는 말이 있었다. "10%보다 더 많이 바치면 몇 배의 보너스까지 더 받는다."라는 말이었다.

어떤 야훼벗이 수술비가 없는 어린이 환자를 돕고 싶었다. 그래서 교회왕을 찾아가서, "일 년 동안만 십일조헌금 중 10% 금액을 그 아이에게 보내도 괜찮겠냐"고 물었다. 그 교회왕은 불쾌하다는 표정을 지으면서 "십일조는 반드시 출석하는 교회당에다 내야 한다"고

했다. 이처럼 교회왕들은 다른 교회당이나 다른 기관과 단체, 또는 형편이 어려운 사람에게 십일조헌금을 주는 행위는 야훼의 명령을 위반하는 것이라며 철저히 십일조의 외부 유출을 막았다.

이런 방식으로 ‘십일조’는 한국교회 안에서 지속적으로 발전해 나갔다. 경제적 번영의 비결로 정착되기까지 하였다. 경제적 시련의 극복 비결, 나아가 부자가 되는 길의 한 가지 열쇠가 십일조였다. ‘십일조 없는 교회란 교회가 아니다.’라는 신조어까지 탄생했다.

어떤 이들은 놀라워하며 묻곤 했다.

“어떻게 야훼벗들은 일터에서 소득세를 내고, 또다시 교회당에 가서 종교세와 같은 십일조를 아무런 반대도 없이 낼 수 있는가? 야훼벗들은 한국사회에서 세금을 가장 많이 내는 사람들인가?”

사실, 정부가 세금을 1% 인상하는 일도 쉽지 않다. 그렇기에 교회왕들이 소득의 10%를 종교세인 양 강제징수하는 게 어떻게 성공할 수 있었는지 다들 궁금해 했다. 어디 10%뿐이었는가. 매주 내는 헌금을 비롯한 여러 명목의 헌금까지 합산하면 10% 이상이었다.

이 성공은 강제성이 있는 법률 제정에 의한 것이 아니었다. 교회왕의 요구가 야훼의 요구라는 종교적 의식화 방법에 의해서였다. ‘야훼의 이름’을 앞세우고 ‘성서 본문’으로 뒷받침했다. 그 성서 본문이 엉터리든 아니든 상관이 없었다. 야훼의 명령이라는데 감히 그 누가 십일조에 대해 뭐라고 말할 수 있었겠는가. 이에 대한 거부 행위는 신에 대한 거부 행위로 간주되니 절대복종을 하지 않을 수 없었다. 그래서 말은 야훼에게 바치는 것이라고 했지만, 실제는 교회왕들이 마음대로 사용할 수 있는 '묻지마 돈'이 된 것이다.(야훼는 원래 십일조에 대해 그 어떤 것 하나라도 챙기지 않고서 인간들에게 다 되돌려줬다.)

십일조를 징수하는 경험이 쌓이자, '십일조 전문인'까지 등장했다. 그 징수 비법도 급속히 전파됐다. 이 전문인들에 의해 십일조헌금 문화가 정착됐다. '십일조 전문인'의 수에 비례하여 십일조 노예의 수도 많아졌다. 그 전문인들에 의해 형성된 십일조 문화는 다음과 같다.

첫째, 십일조 이행을 믿음의 평가 기준으로 삼았다. 믿음이 있어야 구원을 얻어 천국에 가는데, 그런 믿음이 있는 사람이라면 반드시 십일조를 낸다는 것이다. 십일조를 내지 않는 사람은 믿음이 없는 사람, 곧 구원을 받지 못하는 사람, 천국에 가지 못하는 사람을 뜻했다. 그러니 천국에 가기 위해서라도 십일조를 내지 않을 수 없었다. '믿음 – 구원 – 십일조'라는 연결고리를 만든 것이다.

둘째, 종교 심리를 이용했다. 십일조를 내지 않는 사람은 야훼의 것을 떼어먹는 '십일조 날도둑'이라고 규정하니 내지 않을 수 없었다. 월급을 받을 때마다 '십일조 날도둑놈'이라는 말이 마음을 꺼림칙하게 하니 얼른 계산하여 십일조를 바치지 않을 수 없었다.

셋째, 경제 사기술도 이용했다. 부자가 된 사람들의 비결이 십일조였다고 그 증거까지 보이면서 십일조를 요구하는 사기 기술이었다. 하지만 부자가 된 사람들의 비결은 십일조 때문이 아니었다. 긍정적으로는 정당한 경제 활동에 의해, 부정적으로는 갖가지의 불법행위, 비리, 뇌물, 부동산 투기, 탈세, 노동력 착취 등에 의해 부자가 된 것이다.

인간은 모두 궁핍 속에서 사는 것을 싫어하고, 잘살고 싶어 한다. 그런데 잘살 수 있는 비결이 십일조라고 하니 내지 않을 사람이 없었다. 그러니 그 기대를 가지고서(사실은 사기당하면서), '그날'을 기다리며 빚을 내서라도 10% 액수를 정확히 맞추거나 때로는 그 이상으로 열심히 내고 있다.

넷째, 십일조를 내는 행위는 물론, 그 금액이 야훼에 대한 충성의 기준이라고 했다. 십일조를 이행하는 사람이 야훼에게 충성하는 사람이며, 또 그 금액이 많을수록 충성도가 높다고 했다. 그래서 장로·안수집사·권사가 되려면 십일조 액수가 많아야 한다는 기준을 세웠다.

다섯째, 십일조 이행은 아름다운 행위라서 알려야 한다며 명단과 금액을 공개하는 문화가 형성됐다. 이 공개에 의해 소리 없는 서열이 정해졌다. 소액을 내거나 아예 내지 않는 사람은 교회당 문 밖의 사람으로 취급했다. 교회 안에도 빈부 격차에 의한 차별이 이뤄졌던 것이다. 한국사회에서 가난한 사람들은 어디를 가도 차별받는다.

여섯째, 십일조헌금을 어디에 어떻게 사용하는지 공개하지 않기로 했다. 교회당의 '덕'을 세우려는 것이 그 이유였다. 그 '덕'이 무엇인지 아무도 묻지 않았다. 특히 인건비에 대해 일일이 다 공개하는 것은 소음 발생의 원인이라며 공개를 거부했다. 교회왕들은 이런

데에는 매우 지혜로웠다.

일곱째, 십일조를 많이 내는 사람은 야훼의 은총을 크게 받은 사람이며, 적게 내는 사람은 시원찮은 은총을 받은 사람으로 간주했다. 또한 십일조헌금액이 많은 교회공동체는 야훼가 크게 역사하는 공동체, 액수가 적은 교회공동체는 별로 역사하지 않는 공동체라고 마음대로 갈라놓았다. 야훼의 은총도 십일조 액수에 의해 평가받았다.

이 십일조 문화에는 몇 가지 공통점이 있었다. 첫째, 온통 그릇된 자본주의 논리, 부패한 경제논리로 휘감겨 있었다. 둘째, 사기 등 여러 범죄 행위가 내포돼 있었다. 셋째, 심리적 불안감과 공포도 섞여 있었다.

십일조 신학교와 십일조 교회

한국교회당 안에 십일조 문화가 형성되자 십일조라는 돈을 노리는 갖가지 후속 수법이 등장했다. 그 중에 '십일조 신학교'와 '십일조 교회'가 있었다.

십일조 신학교 설립자들은 헌법이 보장하는 종교의 자유를 그 근거로 삼았다. 그래서 인가받지 못한 기관이어도 정부가 간섭하지 못한다는 점을 이용했다. 야훼만 인가해주면 된다며, 교육부의 인가는 세상의 방식이라서 필요 없다고 했다. 그러면서 세상 속에서는 십일조헌금에 의한 번영으로 잘살아야 한다고 외쳐댔다.

십일조 신학교는 주로 사업이 망한 사람들, 인생 실패자들을 그 대상으로 삼았다. 사명을 받았다는 사람들도 신학교에 다니는 동안에 철저한 십일조주의자로 변하게끔 하였다. 십일조 신학교는 십일조 징수 비법만 가르쳤다. 신학 이론들은 골치만 아프고 복잡하며 돈이 되지 않으니 배울 필요가 없다고 했다. 십일조에 대한 믿음만 있으면 목회를 잘할 수 있다고 했다. 교회왕이 어느 신학교 출신인지를 묻는 야훼벗은 없으니 안심하라고도 했다. 아무도 신학교 졸업장·목사 자격증·목사 신분증을 보자고 하지 않으니 무조건 야훼 이름만 많이 활용하라고 가르쳤다. "그 누가 감히 야훼의 종에게 신분증을 보자고 하겠는가?"라고 강조했다. 이런 과정으로 배출되는 목회자의 수가 매년 8천여 명에 이르렀다.

게다가 설교 전에 누구에게 '설교 결재'를 받거나, 설교 후 '설교 감사'를 받을 필요도 없으니 얼마나 편한 일이냐고 했다. 교회왕은 판사의 '판결권'보다 더 우위에 있는 '절대 설교권'이 있다고 가르쳤다. 마음대로 얼마든 십일조 설교를 할 수 있으며, 무슨 말이든 '야훼의 이름'으로 선포하면 야훼의 명령 말씀이 되기에 아무도 이의를 제기하지 못한다는 것이다. 특히, 한국인은 유별나게 감정적인 민족이라서 감성에 호소하는 설교를 하면 은혜 받았다고 '아멘, 할렐루야!'로 응답하니 이 점을 잘 이용하라고 하였다. 노래방 기계와 같은 찬양 반주기로 찬양만 잘하게 해도 설교 못하는 게 다 가려지고 은혜 받는다고 했다. 따라서 야훼 말씀이든 아니든 그런 것에는 신경

쓰지 말고, 말만 기가 찰 정도로 유창하게 하면 된다고 했다. 특히 '축복'에서 시작하여 '축복'으로 끝내라고 하였다. '축복'이라는 단어만 남발하면서 "잘될 거다. 좋은 일이 있을 것이다. 돈 많이 벌 수 있다. 꼬리에서 머리가 되는 것은 시간문제다."라고 하면 최고의 만사형통 설교라고 했다.

이와 같은 가르침을 받고 십일조 신학교를 졸업한 교회왕 후보생들이 인구가 많은 도시 위주로 곳곳에 십일조 교회를 세웠다. 다른 교회당에 출석하며 십일조를 내던 가족·친인척·지인들 10명만 모아도 매월 평균 백만 원은 가능했다. 최소한의 생활비와 용돈이 마련된 것이다. 이렇게 쉽게 돈 버는 방법이 있는 줄 몰랐다면서 '왜 진작 교회당을 세우지 않았는가.' 후회까지 했다. 모일 때마다 웬만한 사업보다 훨씬 더 안정된 '사업'이라며 서로 격려까지 했다. 교회왕이 되는 길이 이렇게 간단한 줄 몰랐다며 눈물겨워했다.

이렇게 십일조 교회들이 계속 생겨나게 됐다. 교회당이 계속 생겨나는 이유를 교회 성장론으로 설명하곤 하였으나, 사실은 다른 교회왕들에게 십일조를 뺏기기 싫은 것이 진짜 이유였다. 그러니까 치열한 '십일조 쟁탈전'에 의해 생겨난 교회들이었다.(교회가 십일조헌금 쟁탈전을 벌이니 한국사회도 치열한 생존 경쟁터로 돌변하게 된 것은 당연했다.) 전체 야훼벗 수는 줄어들기 시작했지만, 십일조 교회들은 계속 증가했다. 십일조 교회들은 반드시 야훼의 교회, 야훼의 뜻, 야훼의 은혜 등 야훼의 이름을 팔았다. 야훼의 이름으로 위장하니 노예와 같은 사람들은 그냥 속아 넘어갈 수밖에 없었다. 이렇게 해서 십일조 신학교와 십일조 교회는 전국에 우후죽순처럼 생겨났다.

산지사방으로 갈라진 교단도 결국 십일조 때문이었다. 총회장·노회장 감투를 노리는 이유도 다 십일조, 즉 돈과 연관돼 있었다. 그런 직분을 가지면 야훼벗들에게 유명 인사로 인정받을 수 있었고, 그렇게 되면 십일조를 더 많이 거둬들일 수 있어서였다. '먼저 본 자가 임자'라는 말까지 나돌았다.

한때 이 '사기 행각'은 성공하는 듯했다. 특히 한국의 산업화와 더불어 수출 주도 경제발전이 이루어지던 1970~80년대에 기가 막히게 위력을 발휘했다. 10%를 내고서 자고 일어나면 아파트가 생겼다. 수입도 늘어나기 시작했다. 이보다 더 좋은 투자 방법이 없는 것 같았다.

그러다가 종전과는 달리 경제 발전이 멈추고 낮은 성장이 지속되자 십일조헌금에도 변화의 바람이 불기 시작했다. 10%를 내는 사람들의 숫자도, 정확히 10%를 내는 사람들의 숫자도 줄어들기 시작했다. 무엇보다 먹고사는 것이 힘들어진 것이 그 이유였다. 특히 IMF 외환위기로 경제적인 시련에 직면하자 십일조가 부자가 되는 비결이 아닐지도 모른다는 생각을 하기 시작했다. 십일조를 내지 않고 그 돈으로 달러를 미리 사둔 사람이 IMF 외환위기 때 대박을 터뜨린 것을 보아서다.

이런 와중에 십일조에 대한 의문점을 제기하는 사람들이 생기기 시작했다. '생각하는 야훼벗들'이었다. 그들은 이 십일조 요구가 '사기 행각'이라는 생각을 하기 시작했다. 야훼의 이름을 명의 도용했고, 십일조헌금의 근거로 사용한 성서 본문의 해석도 엉터리라는 것을 분별할 수 있어서다. '생각하는 야훼벗들'은 차츰 십일조가 경제문제 해결책이라기엔 뭔가 말이 맞지 않다는 생각, 사기가 아닌가 하는 생각들을 하기 시작했다.

"십일조를 내지 않는 사람이 십일조를 내는 사람보다 더 잘사는 이유가 무엇인가? 십일조를 내지 않아도, 아니 아예 교회를 다니지 않아도, 야훼를 믿지 않아도 무병장수하며 부자가 된 것은 어떻게 설명해야 하는가? 한국사회에서는 십일조를 내는 것보다 로비 등 갖가지 수단·방법을 가리지 않고 악독하고 불의한 짓을 해야 더 잘살고, 더 빨리 더 많이 돈을 버는 이유는 무엇인가? 십일조를 낸다면 세금 전인가 후인가? 당장 부채를 갚아야 하는가, 십일조를 내야 하는가? 대출받은 돈에 대한 십일조도 내야 하는가? 선물로 받은 것도 환산하여 십일조를 내야 하는가? 십일조를 내면 경제적 문제가 해결된다고 하여 수십 년간 한 푼도 떼어먹지 않고 바쳤는데도 왜 여전히 부채가 줄지 않는가? 십일조를 내면 은행계좌 잔고가 넘쳐나서 한국은행이 찍은 돈보다 더 많아진다고 했는데 왜 여전히 마이너스 통장 신세인가? 아이들이 받은 용돈이나 세뱃돈까지 소득으로 간주하여 10%를 바쳤지만 이른바 '명문 대학'은커녕 '서울에 있는 대학'에도 왜 입학하지 못하는가? 원래 십일조는 현금이 아니라 농축산물이었는데 오늘날 우리는 왜 현금으로 내야 하는가? 원래 십일조는 기본식량이 없는 사람들을 위해 사용하는 것인데 왜 건축비로 전용하는가? 왜 교회왕들은 기본 생계비 그 이상으로 중소기업이나 대기업 사장과 같은 월급과 각종 수당을 받아 가는가? 교회도 돈 없이는 나올 수 없는 곳이란 말인가? 돈 내지 않고는 야훼벗 노릇을 할 수 없단 말인가? 성서에는 분명히 돈 없는 자는 돈 없이 오라는 초청 메시지가 기록되어 있지 않는가?"

여러 의문점이 떠올랐지만 그 누구에게도 물어볼 수 없었다. 그렇다고 교회왕을 찾아가서 위와 같은 질문을 할 수도 없었다. 야훼의 명령이라며 십일조 이행을 당연한 것으로 요구하는 당사자가 바로 교회왕이기 때문이다. 자칫 질문을 했다가는 믿음이 없는 사람, 야훼보다 돈에 더 관심이 있는 사람(누가 돈에 더 관심이 있는지 모르겠지만), 자신에게 도전하는 사람, 심지어 '교회당의 반동분자'로 오해받을 수 있어서다. 자칫 질문을 했다가는 교회공동체에서 '왕따'는 물론, 장로·안수집사·권사는 꿈도 꿀 수 없다는 것을 잘 알고 있어서다. 혹은 괜히 시끄러운 문제를 일으킬 필요가 없다는 생각일 수도 있다. 나아가 '축복'을 받지 못하여 만사형통이나 무병장수에 차질이 생길 수도 있고, 경제적 문제를 해결할 수 없게 된다는 염려도 있어서다. 십일조헌금을 내지 않았다가 우환이라도 생기거나 사업이 망할 수도 있다는 미신적인 생각에 사로잡힌 사람도 있었다. 혹시라도 '야훼의 종'을 비판하거나, 잘못을 말할 경우 '벌'이라도 받으면 어떡하나 하는 불안감도 있었다. 이 '야훼의 종'부터 잘못된 생각인 바, 모두 다 야훼의 종이어서다. 또한 '벌'과 같은 생각은 미신화한 야훼벗이 갖는 심리적 불안감이었다.

교회왕들이 강요하는 십일조에 대해 야훼벗들이 아무런 말도 하지 못하고 속병을 앓고 있을 때에, 교회당 바깥사람들이 문제를 제기하기 시작했다. 그들 중에는 교회당 안에 단 한 번도 들어온 적이 없는 사람들도 있었다.

"월급의 10%를 십일조로 내면 30%, 60%, 100%의 자산이 늘어나 부자가 된다는 것은 사기 행각이다. 돈 내고 돈 먹기 하는 식이다. 신과 일종의 흥정을 하는 행위다. 무속신앙에서 말하는 기복주의다. 경제적으로 번영할 수 있다며 십일조를 강요하는 행위는 형법에 규정된 사기, 강요, 공갈, 협박 행위에 해당된다. 십일조를 요구하는 짓은, 한국의 야훼벗들에게 구약 시대의 고대 이스라엘 사람이 되라고 요구하는 것과 같다. 그들처럼 양과 염소로 제사를 지내라는 요구와 같다. 십일조가 재산 증식의 비결이라는 말은, 양과 염소로 드리는 제사로도 부자가 된다는 말과 같다. 성전을 세우고, 제사장을 세우라는 요구와 같다. 아론도 없고, 모쉐도 없고, 레위인도 없는데 누구를 제사장으로 세우라는 요구인지 이해할 수 없는 요구 행위다. 종교개혁자 루터의 개혁정신인 만인제사장 사상을 따른다면서 왜 사라진 제사장 제도를 세워야 하는가? '십일조 부자 설교자들'이 '십일조로 가난한 야훼벗들'을 대상으로 공갈 행위를 하고 있다. 우리를 보아라! 우리가 십일조를 내는가? 그래도 먹고사는 데에는 아무런 문제가 없지 않는가! 기부도 많이 하고 있다!”

결국, 이 십일조 때문에 한국교회는 비야훼벗들과 한국사회로부터 지탄을 받게 됐다. 한국교회는 일제 강점기와 해방 후부터 지금까지 나름대로 크나큰 사회적·민족적·국가적 공헌을 했으나, 이 십일조 문제로 자칫 공든 탑이 무너질 수 있는 위태로운 지경에 직면해 있다. 이 십일조 때문에 복음 전도까지 훼방을 받기 시작했다. 교회는 성장을 멈췄고, 마이너스 성장을 하고 있다. 그래서 비야훼벗들이 “십일조를 폐지해야 교회가 성장한다.”라는 말까지 하였다.

정말이지 십일조라는 돈과 관련된 문제점은 한국사회와 유사한 점이 있었다. 돈과 권력 없이는 살 수 없는 한국사회와 사뭇 다르지 않았다. 교회왕들도 십일조 없이는 살 수가 없으니 십일조를 거둬들이기 위해서는 무슨 짓이든 무슨 말이든 할 수 있다는 견고한 전통을 세웠다. “왜 너희들만 돈 버느냐? 우리도 십일조헌금으로 돈 벌 수 있다.” 하면서 같이 ‘쩐의 전쟁’에 참여하게 된 것이다.

원래 교회란 세상에 영향력을 주며 치유하는 기능이 있다. 그런데 정반대로 세상의 영향을 받고, 세상에 동화되고, 세상의 질병에 그대로 전염된 것이다. 그 현상들 중의 하나가 십일조 징수와 그 오용이었다.

성서는 ‘돈을 사랑하는 마음, 곧 돈을 최고로 여기는 것이 일만 악의 뿌리’라고 했다. 지금까지 야훼보다 십일조를 더 사랑했기에,

그 결과로 갖가지 악으로 일그러지고 얼룩진 한국교회가 여기저기 세워진 것이다. 교회가 성장하면서 질병과 악으로 끙끙 앓게 된 것이다. 이와 같은 질병과 악에 의해, 온 국민으로 하여금 돈만을 최고로 여기며 돈 없이는 살 수 없는 세상이 되게 했다. 교회의 십일조 사랑, 십일조 사기 행각, 교묘한 십일조 강요와 징수, 십일조 이행자 믿음 최고 등 갖가지 십일조와 관련된 좋지 못한 짓들로 인해 한국사회도 돈을 최고로 여기는 사회가 되고 말았다. 오늘날 한국사회의 황금만능주의는 한국교회의 열매며, 자화상이며, 타락의 결과였다.

교회왕들도 때로는 십일조에 관해 여러 가지 의문점이 생기지 않은 것은 아니었다. 십일조가 무엇인지, 왜 바쳐야 하는지 정확히 몰랐다. 그렇지만 십일조는 관행적으로 해온 것이라 그냥 따르기로 했다. '돈이 들어오는데 괜히 골치 아프게 따질 필요가 없다', '그렇다니 그런 줄 알아야지 뭐 별다른 뾰족한 수가 있겠는가', '십일조 헌금에서 받은 월급으로 갈비찜을 먹든, 된장찌개를 먹든 무슨 상관인가', '나만 그러는 게 아니라 다들 요구하고 있다', '이왕 요구할 바에는 더 많이 내게끔 해야 한다', '십일조든 십이조든 다 야훼의 영광을 위하는 일이다' 등의 생각으로 십일조를 요구했다. 교회왕들끼리 모일 때마다 대화의 중심 주제는 십일조였다. 서로를 '사장'으로 불렀다. 십일조의 원래의미가 무엇인지, 그런 것은 중요하지 않았다. 쌓이는 현금이 중요했다. 가끔 마음 한구석에 '구약 시대의 다른 제도는 지키지 않으면서 유독 이 십일조 구약 제도만을 지키는가?' 라는 의문이 떠올랐지만, 이내 무시해버렸다.

교회왕들은 만일의 경우를 대비해서 면피 받을 수 있는 한 가지 이유를 찾아냈다. 그 이유란, "신학교 다닐 때 해외에서 박사까지 받은 교수들이 십일조를 받으라고 하여 배운 대로 한 것이다."라는 것이었다. 십일조 징수의 책임을 신학교 교수들에게 떠넘기기로 했다. 하지만 이는 구구한 변명이었다. 교회왕들의 주된 임무는 어떤 것이 야훼 말씀인지 아닌지 분별하는 것이다. 그러나 스스로 최선을 다해 십일조 본문에 대해 깨닫고자 하는 노력조차 하지 않았으니, 야훼가 맡긴 말씀 전달 소명에 대한 직무유기였다. 야훼 말씀이 아닌데도 야훼 말씀이라고 했으니, '위계(허위)'에 의해 야훼의 공무 집행을 방해한 것이다. 그러기에 야훼벗들도 세상 속에서 야훼에 대한 직무유기는 물론, 위계(허위) 행위를 태연히 자행했다.

교회왕들이 야훼벗들을 십일조 노예로 만들자 여러 가지 좋지 못한 증세들이 나타났다. 교회당의 재정문제 해결사들로 양성된 증세였다. 그들은 십일조헌금만 열심히 하면 되는 자들이었다. 더 심각한 문제는 십일조헌금을 내는 것만으로, 야훼, 이웃, 세상에 대한 책임을 다한 것으로 여기게 했다는 점이다. 곧 십일조를 낸 것으로 야훼벗으로서의 모든 의무를 다한 것으로 간주하는 이상한 종교심리적 질병에 걸리게 했다. 게다가 야훼벗들은 세상 속에서 돈의 노예가 되고 만다. 정말 이상한 일이었다. 그들은 교회왕들처럼 '쩐의 전쟁'에 참여했다. 돈 밖에 모르는 인간으로 변했다. 돈을 따라 움직이고, 돈을 위해서는 배신도 서슴지 않았다. 인간 배신과 야훼 배신은 기본이었다.

이는 교회왕들이 십일조헌금만 내면 '만사통과'로 인정해주는 데서 비롯됐다. 돈만 내면 틀림없이 구원받고 천국에 간다고 했다. 교회 밖에서 무슨 짓을 하든, 수단·방법 가리지 않고 악착같이 돈을 많이 벌어서 십일조만 많이 바치면 최고의 야훼벗이라고 치켜세웠다. 게다가 야훼가 큰 영광을 받았다고 광고까지 해댔다. 야훼벗들을 넓고 깊은 야훼나라의 시민이 아니라, 진정한 야훼의 사람·친구가 아니라, 좁고 얕은 교회당 안의 사람, 교회왕의 추종자로 만들어갔다. 교회당 자리나 채워주는 사람, 엉터리든 뭐든 설교나 들어주는 사람, 필요한 재원 해결사가 되게 했다.

야훼벗들은 철저한 개인주의자로 변했다. 교회당도 마찬가지였다. 삶의 고민을 안고 교회당을 찾아온 이들을 가깝게 대하지 않았다. 돈이 없는 사람, 교회 예산을 축낼 사람이기 때문이었다. 그러자 야훼벗들도 세상 속에서 고통받는 자들에 대해서는 무관심했다. 오히려 착취하고 사기를 치면서 돈을 벌었다. 야훼벗들은 세상 속에서 비윤리적 행위를 자행하는 힘을 교회당 안에서 얻은 셈이었다. 그래서 자꾸만 십일조헌금 돈 봉투를 들고 찾아왔다. 세상 속에서 저지른 죄에 대해 심리적으로라도 면죄를 받기 위해서였다. 이미 교회당 안에서부터 범죄 행위를 연습시킨 거나 다를 바가 없었다.

하지만 구약 십일조 규례를 지켜야 한다면서, 고대 이스라엘산 농축산물이 아닌 한국은행에서 발행한 화폐로 십일조를 내게 한 것은 명백한 불법행위였다. 게다가 십일조 규례를 지킨다면, 나머지 구약의 율법규례도 모두 다 지켜야 적법한 행위였다. 하다못해 성전과 레위인 및 제사장이라도 있어야 하며, 최소한 할례라도 행해야 했다. 그러나 그런 일은 없었다. 따라서 십일조헌금 제도는 구약 규례도 아니며, 신약 규례도 아니었다. 어디에서 왔는지 알 수 없는 정체불명의 강제적 종교세금제도였다.

이렇게 해서 한국에서의 돈은 이미 인간 생명보다 더 귀한 것으로, 야훼보다 더 존귀하며, 더 강하며, 더 위대하며, 더 능력 있는 실세로 자리 잡았다. 돈은 현재 '교회와 세상' 양자 모두를 움직이고 있다. 아, 위기다. 기억하자! 돈 따라가다가 돈밖에 모르는 인간들이 되며, 돈의 지배력에서 벗어나지 못하는 돈의 노예가 되어 돈이 시키는 대로 하다가 교회와 세상 둘 다 비참한 최후를 맞았다는 사실을 기억하자! 둘 다 같이 망했다. 생생한 역사의 교훈이 있다.

급박히 필요한 십일조 노예해방서

21세기에도 여전히 '십일조 노예'가 존재하고 있다는 사실은 믿을 수 없는 일이었다. 그렇지만 엄연한 사실이었다. 원래 개신교는 가톨릭의 폭군과 교권 폭력에서 벗어나게 하는 자유정신을 따르자는 데서 출발했다. 그런데 세상 속에서 살기 힘들어 고달픈 혹을 제거하고자 교회당을 찾아왔다가, 또 다른 '십일조 혹'을 하나 더 달게 되었으니 그 고통이 이만저만이 아니었다. '기독교란 십일조교인가? 기독교인이란 십일조 야훼벗인가?' 라는 유행어가 나돌았다. 그렇지만 십일조 사기와 강요 행위에 대해 그 누구도 아무런 말을 하지 못했다.

원래 어느 계층의 노예든, 노예는 스스로 자유인이 되기가 불가능하다. 누군가가 해방시켜 주어야 한다. 해방자조차 기다리지 않을 정도로 지배당하는 것에 굳어질 대로 굳어져 있어서다. 십일조 노예는 바로 노예의 특성 그대로였다. 특히 십일조 노예를 만든 주범들의 범죄 행위를 이대로 방치했다가는 무슨 대형사고가 폭발할지도 모른다는 점에 대해서도 무감각했다. 주범들이 저지른 범죄는 명백했다. 종교의 자유를 빼앗은 헌법 위배, 야훼의 명의 도용, 성서 공문서 위변조, 허위사실에 의한 부당 이익, 야훼와 이에수스에 대한 거역죄, 모욕죄, 명예훼손죄, 이에수스에 대한 살인미수죄·살인교사죄, 죽은 십일조에 대한 죽은이의 명예훼손죄 등 끝이 보이지 않았다. 야훼나라는 공소시효가 없어서 이미 구속 수사 대상은 물론 사법적 처벌의 대상들이 되어 있었다. 그러니 하루 속히 자수하게끔 해야 평화의 날이 온다.

십일조 노예들을 해방시키려면, 먼저 교회왕들이 써먹는 성서 본문의 원래의미를 찾는 일부터 시작해야 했다. 교회왕들이 그 원래의미를 날조하고 악용하였고, 지금도 자의적인 해석으로 써먹고 있기 때문이다. 더 중요한 이유는, 파울로스가 십일조를 비롯한 모든 구약 율법규례들이 십자가에 못 박혔다고 선언했는데도 십일조만 마음대로 제외시켰기 때문이다(콜롯사이 2장 14절). 다른 규례들은 십자가에 못 박혔다며 지키지 않았다. 하지만 십일조만은 살아 있다며 요구했고, 십일조 노예들은 그 요구대로 바쳤다. 십일조 노예들은 십일조헌금을 내지 않으면 야훼에게 벌을 받을 수도 있다는 점을 가장 두려워했다. 그래서 내지 말라고 해도 낼 수밖에 없는 노예가 됐다.

'생각하는 야훼벗들'이 주변을 둘러봤다. 십일조헌금을 내지 않는 이들이 정말 벌을 받아 가난해졌는지를 확인해봤다. 아니었다. 오히려 그들이 더 잘살고 있었다. 벌을 받지 않았던 것이다. 오히려 십일조헌금을 낸 사람들이 벌을 받고 있는 것이 눈에 보이기 시작했다. 십일조헌금을 내는 것은 야훼의 뜻을 거역하는 짓이었기 때문이다. 십일조 이행자들이 더 가난해진 벌이 보였다. 무엇보다 전도가 되지 않아 마이너스 성장을 하는 벌을 받고 있었으며, 날마다 야훼벗 수가 줄어들고 있었다. 이는 무서운 벌이었다. 자칫 교회가 한국사회에서 사라질 수도 있어서다. 야훼벗들의 인격이 변하지 않는 것도 무서운 벌이었다. 그들이 변하지 않으니 한국사회가 변하지 않는 벌도 같이 받고 있었다. 교회의 숫자가 많아졌지만, 십일조헌금액이 증가하고 한국의 경제력이 성장하여 OECD 국가까지 됐지만, 살고 싶지 않은 나라가 되어가는 벌도 받고 있었다. 날마다 사건사고가 터졌다. 대형 사건은 반드시 돈과 연관돼 있었고, 그 대형 사건에는 반드시 야훼벗의 이름이 등재되는 벌을 받고 있었다. 이제는 십일조 사기죄가 들통이 나는 벌을 곧 받게 될 것이라는 생각도 들었다.

2천여 년의 교회사 기간에 십일조에 관한 성서 본문의 해석이 날조됐는데도 아무도 관심이 없었다. 풀어야 하는 과제로만 남겨져 있었다. 그러했기에 '십일조 사기꾼들'이 탐욕과 돈벌이 수단으로 악용할 수 있었다. 십일조 노예들을 해방시키려면 그 잘못된 근거들을 끊어 놓아야 했다.

몇몇 사람들이 21세기에 웬 노예해방서냐며 고개를 갸우뚱했다. 하지만 더 이상 방치하다가는 야훼의 은총 촛대가 옮겨져 버릴 수도 있다. 그러기에 십일조 노예해방서가 119 구조대를 기다리는 것처럼 절실할 정도로 필요했다.

날조된 십일조의 명예회복

형법 제308조는 '사자 명예훼손죄' 조항이다. 죽은 사람에 대해 허위사실을 유포하지 못하게 하는 법 조항이다. 십자가에 못 박혀 죽은 십일조를 살아 있다는 등 공공연히 허위사실을 유포했으니 명예회복이 필요했다.

교회왕들은 십일조 이름부터 마음대로 바꿔버렸다. '십일조'를 '십일조헌금'으로 바꾸어 새 시대의 제도인 것처럼 위장했다. 대개 사람들은 자기 이름을 한 번만 바꿔 불러도 기분 나빠한다. 십일조의 경우, 130년 동안 강제로 이름을 바꿔 불렀다. 십자가에 못 박혔는데도 '유령 십일조'를 만든 셈이었다.

그래서 십일조의 원래의미에 의한 명예회복 시도가 시작됐다. 십일조 명예회복과 십일조 노예해방이 기차 레일처럼 나란히 나아가게 됐다. 더 이상 십일조 노예 생활을 하지 않는 게 날조된 십일조의 명예회복이었다. 달리면서 외친다.

"더 이상 야훼 이름으로 사기당하지 않게 해야지."

"더 이상 거둬들인 십일조헌금에서 중소기업이나 대기업 사장과 같은 월급과 각종 수당을 챙기는 짓을 못하게 해야지."

"더 이상 십일조헌금 강요와 징수도 못하게 해야지."

"더 이상 야훼의 이름을 팔아 돈을 모으는 교회 장사꾼 행위도 못하게 해야지."

"더 이상 십일조를 건축비 등으로 마음대로 용도 변경하여 사용하지 못하게 해야지."

"더 이상 십일조로 야훼와 흥정하지 못하게 해야지."

"그래야 머리 좋은 한국 야훼벗들이 국가 공동체와 세계 공동체를 섬기는 새로운 경제 원리를 연구할 것이다."

마침내 비수로 도려내는 듯한 예리한 작업 계획이 세워졌다. 십일조 노예해방과 십일조 명예회복을 위한 계획이었다. 십일조의 원래 의미를 밝히는 계획이었다. 다시는 십일조헌금이라는 말조차 꺼내지 못하게끔 하려는 계획이었다. 2천여 년 동안, 아무도 명쾌하게 풀지 못한 십일조 문제를 해결하려는 원대한 계획이었다. 야훼가 준 자유 안에서, 여러 기관과 단체, 고난과 고통 속에서 탄식하는 이들과 사회적 약자들에게 마음껏 자유롭게 기부할 수 있게끔 하는 계획이었다. 무엇보다 십일조와 관련된 모든 문제들이 원만하게 해결되게끔 하는 계획이었다. 마음에 가책을 받는 자들은 뼈마디가 으스러지는 참회를 하게끔 하는 계획이었다. 각자의 신앙 양심에 의해 어떤 결단을 스스로 할 수 있기를 바랐다. 과격한 행동은 삼가해주길 바랐다. 십일조와 관련된 문제에 대해 야훼가 주신 합리성으로 해결하길 바랐다. 용서를 구해야 할 사람들은 용서를 구해야 한다. 용서를 구하면 용서해줘야 한다. 분노와 증오에 찬 행동들은 하지 말아야 한다. 우리 모두 다 미숙하고 어리석은 데서 비롯되어서다. 우리 모두의 책임이었기 때문이다.

십일조는 원래의 모습으로 되돌아갈 것이다. 십자가에 못 박힌 모습으로 되돌아갈 것이다. 그렇게 되면 사람들은 지금보다 더 잘살게될 것이다. 그러니 십일조 실체를 알았다며 싸우지 말아야 한다. 십일조를 더 이상 날조하지 말고, 십일조를 내고 하늘만 쳐다보는 행동도 그치고, 그 시간에 새로운 경제 원리를 연구하여 경제 정의에 의한 살기 좋은 세상을 만들어 주길 바라는 것이 이 '계획'의 참된 의도다. 야훼와 진정한 우정을 가진 사람들, 야훼벗들이 하지 않으면 이 세상은 정말 희망이 없어서다. 십일조가 원래의 모습으로 되돌아가야 경제가 발전하며 빈부차가 줄어들어 모두 다 같이 잘사는,

중산층이 70~80%로 형성되는 견실한 나라가 될 수 있어서다. 그러할 때 국가공동체 안에 악과 고통이 사라지거나 줄어든다. 그게 바로 날조당한 십일조의 명예를 회복하는 길이다.

십일조는 부자 되게 하는 능력을 가지지 않았다. 아무런 힘이 없다. 십일조는 이미 십자가에서 죽었고, 역사에서 사라졌다. 유해조차 없다. 십일조를 날조하면 할수록 서로에게 고통만 더 증가시킨다.

1. 한국교회의 십일조헌금에 대해 생각해본 적이 있는가?

2. 십일조는 어떤 역사적 과정을 통해 현재 어디까지 와 있는가?

3. 십일조헌금이 한국교회와 한국사회에 어떤 영향을 주었는가?

4. 십일조 신학교와 십일조 교회에 대해 어떻게 생각하는가?

5. 십일조 노예해방서가 왜 필요한가?

6. 이 책을 정독하면 어떤 점을 알 수 있으리라고 기대하는가?

7. 이 책을 읽은 후 어떤 책임 있는 행동을 해야 한다고 생각하는가?

제2부

십일조의
원래의미

십일조의 원래의미를 밝힌다는 것은 쉬운 일이 아니었다.

십일조의 원래의미

십일조의 원래의미를 밝힌다는 것은 쉬운 일이 아니었다. 그것도 4천여 년 전, 아니 이보다 훨씬 더 오래 전부터 사용됐기에 시간적 간격이 너무나 큰 것부터가 문제였다. 게다가 현대인들이 얼마나 영리해졌는가. 현대 교육을 받은 이들을 납득시키려면 객관적인 문헌 자료를 근거로 시도해야 한다는 것도 또 다른 난제였다.

다행히 고고학적, 역사적, 문화적, 고대 언어학적 증거 자료들이 있어서 그 멀고 먼 시기에 어떤 의미였는지를 밝히는 데 큰 도움이 됐다. 마치 수천 년의 비밀이 풀어진 듯했다.

십일조의 원래의미! 이 원래의미는 십일조에 대해서만이 아니다. 모든 성서 본문에 관한 원래의미였다. 성서에는 그때 그곳에서 전달된 야훼의 뜻이 담겨 있다.

이 십일조의 원래의미에 대해 늘 잊지 않아야 하는 한 가지가 있었다. 야훼가 '어떤 목적'으로 구약 십일조를 요구했는가에 관한 점이다. 야훼가 고대 근동 국가들이 사용하던 십일조 제도를 차용했지만, 그들의 사용 목적과 같지 않았다. 세금 목적이 아니었다. 제의적 헌물 목적이었다. 대속 제물과 십일조를 비롯한 헌물은 야훼와의 언약관계를 견지하고, 회복하고, 지속하기 위한 방도였다.

오늘날의 십일조헌금이 고대 근동 이방국가에서 왕과 제사장이 요구하던 세금 납부 의무와 가깝다는 것은 가증맞은 행위다. 따라서 십일조의 원래의미를 밝혀야 한다. 야훼의 참뜻을 거역하고 있어서다.

오늘날, 교회왕들이 십일조의 근거라고 주장하는 구약 시대의 십일조는 크게 두 가지로 분류된다. 곧 구약 율법을 기준으로 하여, 율법 이전 시대의 십일조와 율법 이후 시대의 십일조로 분류된다.

율법 이전 시대의 십일조는, ①아브람의 '전리품 십일조', ②야아콥의 '이행약속 십일조' 였다. 반면, 율법 이후 시대의 십일조는, 모쉐가 기록한 오경 중 삼경의 십일조, 곧 ① 레위기의 '먼저 거룩한 삶이 요구된 십일조', ② 민수기·신명기의 '수직·수평 언약관계 유지 십일조', ③ 말라키서의 '수직·수평 언약관계 회복 십일조' 로 구분된다.

율법 이후 시대의 십일조는 각기 달리 표현됐을 뿐 서로 밀접한 관련이 있었다.

전리품 십일조

이 제목을 보는 순간 좀 얼떨떨할 수 있다. '현금' 십일조가 아니기 때문이다. 전리품 십일조와 현금 십일조는 명백히 달랐다. 교회 왕들의 요구처럼 모든 구약 십일조를 현금화 한다면, 차라리 구약 성서 전체를 다 현금화 하는 게 더 나을 수 있다는 주장이 제기될 수 있었다.

아브람이 조카 롯을 구하는 전쟁이 끝난 후였다. 전쟁 후유증으로 지쳐 있었다. 그가 승전했지만, 그의 마음과 생각은 거대한 두려움과 불안감의 파도 안으로 들어가 있었다. 상대는 당시 세계 최강국이었고, 그것도 연합군들이었기에 언제든 또다시 공격해올 수 있어서다.

그때였다. 어느 낯선 사람이 다가왔다. 말키체데크였다. 그는 예루살렘의 왕 겸 제사장이었다. 당시는 제정일치 사상에 의해 왕이 제사장 직분을 겸하는 것은 흔한 일이었다.

아브람은 야훼가 주권적 섭리에 의해 군데군데 야훼의 사람을 세워둔다는 사실을 알고 있었다. 말키체데크가 다가와서 야훼의 이름으로 승전에 대한 축복 메시지를 발표하자, 아브람은 그를 야훼가 보낸 야훼의 사람으로 믿었다.

아브람은 종들에게 전리품을 모으라고 했다. 종들은 전리품이 너무나 많아서 다 모을 수가 없다고 했다. 그러자 아브람은 일부라도 달라고 한 후 직접 그것을 말키체데크에게 바쳤다. 가신 318명을 이끌고 무시무시한 세계 최강 연합군을 상대로 이길 수 있었던 것은 전적으로 야훼의 도우심이었기 때문에, 야훼에게 감사하지 않을 수 없었다.

모쉐는 이 사건에 대해 아브람이 말키체데크에게 '전리품으로 십일조'를 바쳤다고 기록했다. 이는 당시 전쟁 문화와 십일조 문화 그대로였다. 당시에는 전쟁 승리자가 모든 전리품을 취득할 수 있었고, 그 전리품 중 십일조를 신들이나 왕들에게 바쳤다. 이뿐 아니라 평소에도 백성들은 왕들과 제사장들이 요구할 경우 십일조를 바치는 문화가 있었다.

그렇지만 이 십일조는 정확한 10%를 뜻하지 않았다. 상징적이었다. 바치는 사람의 자유의지와 눈짐작에 의한 것이었다. 왕들과 제사장들도 정확한 10%인지 아닌지에 대해 관심조차 없었다.

교회왕들은 아브람이 바친 이 전리품 십일조가 십일조헌금의 최초 근거라고 했다. 아브람이 십일조를 바친 사실만 강조하고, '전리품'에 대해서는 말하지 않았다. 뿐만 아니라 아브람이 경제적으로 번영하게 된 그 이유가 바로 이 십일조라고까지 했다. 이 말을 할 때에도 '전리품'에 대한 언급은 없었다.

게다가 교회왕들은 평소에는 십일조를 죽음 이후의 천국과 관련시키다가, 아브람의 십일조를 말할 때는 갑자기 현실 생활, 세상 속에서 잘사는 것과 관련시키는 주제 전환을 시도했다.

순진한 야훼벗들은 곧이곧대로 믿으며 요구받은 대로 소득의 10%를 정확히 계산하여 십일조헌금을 내게 됐다. 아브람이 바친 십일조가 현금 십일조인 양, 새 지폐가 가득 든 봉투를 교회당에 바쳤다.

사람들은 아브람이 십일조를 바쳤다는 사실은 잘 알았지만, 아브람이 무엇으로 십일조를 바쳤는지에 대해서는 궁금해 하지 않았다. ‘십일조헌금’ 이라는 돈만 생각하다 보니, 아브람의 이 십일조를 비롯하여 모든 십일조는 당연히 ‘현금’ 으로 바친 것으로 여겼다.

그런 상태에서 의문을 품은 사람들이 있었다. ‘생각하는 야훼벗들’ 이었다. 전리품과 현금은 전적으로 다른데 왜 현금으로 내야 하는가에 대해 의문을 품기 시작했다. 다른 의문점도 있었다. 교회왕들이 말키체데크 왕이란 말인가? 십일조를 바치는 야훼벗들은 아브람이란 말인가? 교회왕들은 단 한 번이라도 자신을 말키체데크 왕이라고 말하지 않았다. 그저 “아브람이 바쳤으니 바쳐라! 부자가 되고 싶다면, 아니 최소한 경제적인 어려움에서 벗어나려면 무조건 믿고 바쳐라!”라는 말이 전부였다. 왜 바쳐야 하는지, 어떻게 십일조를 내면 부자가 되고, 경제적인 어려움을 극복할 수 있는지 그 이유는 말하지 않았다.

이는 ‘What’ 은 있지만 ‘Why’ 가 없는 한국사회의 영향을 받은 현상이었다. 한국의 최고 엘리트들이 모인 한국 법원의 재판에서는 ‘이유 없는 결론만 내리는 것’ 을 자주 목격할 수 있다. 그래서 억울하고 불공정한 재판이라며 탄식하는 경우가 많다. 이 억울한 피해를 받지 않고자 들통이 나지 않는 방법으로 판사들에게 돈을 주어야 하는 사건들이 일어나고 있는 것이다. 판결을 판결할 수 있는 시스템이 필요하다는 여론이 점점 높아지고 있다. 그런 재판의 판결문을 보면, 'What'이라는 어떤 결론은 있지만, 왜 그런 결론이 내려졌는지에 대한 'Why'가 없다. 그런 모순이 교회왕들과 법원왕들에게서 공통적으로 볼 수 있다는 것은 우연의 일치일까.

율법 이전 시대, 아브람의 십일조와 율법 이후 시대의 십일조 사이에는 공통점과 차이점이 있었다.

공통점은, 양쪽 모두 당시 고대 근동 지역에 널리 퍼져 있던 십일조 문화를 차용했다는 점이다. 유월절, 할례 등 당시 고대 근동 지역에 널리 사용되던 여러 문화들을 차용한 것과 같았다.

그런데 두 시대의 십일조는 차이점이 더 많다. 이 차이점을 살펴보면 아브람의 십일조 의미가 무엇인지를 좀 더 분명히 알 수 있다. 또한 오늘날 십일조헌금이 아브람의 십일조에서 비롯된다는 주장은 허위라는 것도 알 수 있다.

확인된 공통점과 차이점은 다음과 같았다.

말키체데크 왕이 먼저 '승리축하잔치'를 베풀었다

말키체데크 왕은 아브람의 승리 전쟁에 대한 축하자로 찾아왔다. 제사장 겸 왕인 사람이 야훼의 이름으로 승리 잔치를 베풀어줬다. 그가 아브람에게 준 포도주와 빵은 고대 근동 지역에서는 '환대'의 뜻을 나타내는 상징물이었다. 제의적 왕으로서 야훼의 대리인임을 뜻했다. 아브람의 반응을 보면, 그는 분명히 야훼와 어떤 관련성이 있는 인물이었다.

교회왕들의 말처럼, 아브람의 십일조가 십일조헌금의 근거라면, 야훼의 제사장인 말키체데크 왕과 같은 사람이 먼저 있고, 그런 사람이 먼저 각 교회당을 찾아와서 빵과 포도주로 승리 잔치를 베풀어야 했다. 그 베품에 대한 응답으로 아브람이 십일조를 바쳤기 때문이다.

그렇다면 야훼벗들에게 '전리품'이란 무엇인가? 어떤 전쟁을 치르고 반드시 승리를 한 다음, 전리품을 가져와야 한다는 뜻이다. 그런데 그런 전쟁이 가능한가? 그래서 전리품 십일조 대신에 현금 십일조를 내고자 결심한 것인가? 그렇다면 교회왕들이 말키체데크 왕이었다는 말인가?

한편 율법 시대 이후 십일조는 전쟁과 무관했다. 농축산물 수확과 관련이 있었다. 기본식량이 없는 계층을 위한 십일조였다. 공통점은 있었다. 승전이든 수확이든, 그것들은 야훼의 은총이며, 십일조는 그 은총에 대한 감사의 표현이었다.

자발성

아브람이 말키체데크 왕에게 십일조를 바친 것은 야훼의 명령에 의한 것이 아니었다. 또한 말키체데크 왕이 요구한 것도 아니었다. 혹시나 말키체데크 왕이 적대국들에게서 사주를 받아 보복이라도 할까 봐 미리 뇌물처럼 준 것도 아니었다. 아내 사라이의 제안도 아니었다. 아브람은 전적으로 자발적으로 십일조를 바쳤다.

자발성! 아브람은 물론, 이 세상에 태어난 모든 사람들은 자발성이라는 선물을 받는다—자유 의지와 함께. 창조 세계 안에 존재하는 원리다. 야훼가 강요하지 않기 때문이다. 강요는 인간들의 전공이었다. 야훼는 늘 자발성을 불러일으켰다. 그런 다음, 그 자발성으로 인간 스스로가 결단하길 원했다. 모든 행위 윤리의 동기가 자발성이었다. 이는 야훼만의 고유한 인격 특징이기도 하다.

아브람의 십일조를 십일조헌금의 근거라고 한다면, 그 누구도 십일조를 요구해서는 아니 됐다. 그런 '요구'는 자발성이 아니었기 때문이다. 야훼도, 말키체데크 왕도 요구하지 않았는데 누가 요구할 수 있었겠는가. 요구자가 있다는 것은 아브람의 십일조가 십일조헌금의 근거가 아니라는 것을 입증했다. 그러므로 교회왕들이 아브람의 십일조를 근거로 십일조헌금을 요구했다는 것은 심대한 불법행위였다.

'생각하는 야훼벗들'이 십일조에 의해 경제적 문제가 해결되지 않자 가지기 시작한 의문점 중의 하나가, 아브람의 전리품 십일조에 관한 것이었다. 교회왕들이 아브람의 십일조를 근거로 십일조헌금을 강요한 것이 과연 야훼의 뜻인가 아닌가를 알고자 했다. 이에 대한 의문은 어렵지 않게 해결됐다. 상식적인 시각으로도 충분했다. 아브람은 십일조를 자발적으로 바쳤지 그 누구에게서도 강요받지 않았다는 것을 알기 시작했다. "오늘날 진정으로 아브람의 십일조를 따르겠다면, 요구자가 없어야 한다. 자기 스스로 결단하는 자발성으로 내야 한다."라며 점차 강요와 자발성을 구별하기 시작했다. 교회왕들은 아예 아브람이 '자발성'으로 바쳤다는 사실을 빼버렸다. 바친 사실만 강조했다. 아브람이 바쳤으니 야훼벗들도 모두 다 바쳐야 한다며 역설했다.

이처럼, 아브람의 십일조는 '야훼의 요구가 없는 자발성'인 반면에, 율법 이후 시대의 십일조는 야훼가 법률 양식으로 규정한, '야훼의 요구에 의한 자발성'이었다.

십일조 문화 차용

아브람이 말키체데크 왕에게 바친 전리품 십일조는, 당시 고대 근동 전역에 퍼져 있는 전쟁 문화 및 십일조 문화와 관련이 있었다.

아브람은 메소포타미아와 하란에서 살면서 이 십일조 문화에 익숙했다. 고대 근동 사람들이 신·왕·제사장들에게 존경과 복종의 표징으로 바치는 십일조였다. 아버지 데라가 우상을 섬길 때, 제사장에게 십일조를 바치는 것을 목격했거나 같이 가지고 가서 바쳤을 수도 있었다.

고대 근동 사람들은 불확실성으로 가득한 세상 속에서 '안정과 풍요’를 얻고자 자기들의 신들·왕들·제사장들에게 짐승과 곡물을 바칠 때 십일조로 바쳤다. 신들로부터 벌이나 저주를 받을까 봐 바치려는 심리적·미신적 사고가 강했다. 왕들은 왕궁 관리비 등 세금을 필요로 할 때 징세 방식으로 십일조를 사용했다. 이방 종교 제사장들도 신전 관리비나 어떤 필요성으로 십일조를 요구했다. 전쟁 승리자는 신들과 왕들에게 전리품의 일부를 바쳤다. 이것은 비자발적이었다.

그런데 아브람의 십일조는 자기 시대의 사람들과는 달랐다. 벌이나 저주를 받을 수도 있다는 두려움에 의한 것이 아니었다. 전쟁에서 야훼의 은총으로 승리와 안정을 얻자, 경배 – 순종 – 신뢰 – 의존의 신앙고백을 담은 감사의 표현으로, 자발적으로 말키체데크 왕에게 10%를 바쳤던 것이다. 이 점이 그 시대의 사람들과의 공통점이자 차이점이었다. 즉, 존경과 복종의 표징으로 당시의 십일조 문화를 차용하여 바치되, 자발적으로 바친 것이다.

율법 이후 시대의 십일조도 그 당시 고대 근동 국가의 십일조 문화를 차용했다. 율법 이전 시대인 아브람의 십일조는 전리품 십일조 문화, 율법 이후 시대의 십일조는 농축산물 십일조 문화를 차용하여 신앙고백을 표현했다.

전리품 십일조

아브람이 말키체데크 왕에게 무엇으로 십일조를 바쳤는가 하는 점은 아브람의 십일조가 십일조헌금의 근거가 아님을 입증하는 또 다른 증거였다. 아브람이 바쳤던 전리품, 율법 시대에 바쳤던 농축산물, 한국교회에서 요구하는 현금! 이 세 가지는 전적으로 다르다.

아브람의 십일조는 소득의 십일조가 아니었다. 전쟁에서 승리하여 취득한 '전리품' 중에서 십일조를 바쳤다. 그 어디에도 아브람이 소득의 십일조를 바쳤다는 기록은 없다. 또한 당시에도 화폐 제도가 있었지만 돈으로 바치지 않았다.

교회왕들이 아브람의 전리품 십일조를 오늘날 십일조의 근거라고 한다면, 현금이 아닌 '전리품'으로 바쳐야 했다. 현금으로 내는 것은 아브람을 모욕하는 행위였다. 야훼도 교회왕들에게 "아브람의 전리품 십일조를 근거로 하여 현금으로 십일조헌금을 거둬들이라!"라는 말씀을 하지 않았다. 교회왕들 자기들이 요구했다.

이뿐 아니라, 아브람처럼 전쟁할 수 있는 315명, 세계 최강 연합군, 현대판 '아브람'과 '롯', 또 '말키체데크 왕'과 같은 자들도 있어야 했다. 반드시 전쟁을 해야 하고, 반드시 승리해야 하며, 반드시 그 '롯'을 구출해야 하고, 반드시 현대판 '말키체데크 왕'에게 바쳐야 했다.

한편, 율법 이후 시대 전리품과는 큰 차이가 있었다. 전리품 절반 중, 오백분의 일을 야훼에게 바쳐야 했다. 두 시대는 전리품에 대해서도 큰 차이가 있었다.

이처럼 아브람의 전리품 십일조와 율법 이후 시대의 십일조는 여러 가지 점에서 달랐다. 동일하게 간주하는 것부터가 십일조를 날조하는 행위였다.

정확한 10%가 아니었다

아브람이 전리품 십일조를 바칠 때, 과연 한 치의 오차도 없이 정확히 10%를 바쳤을까. 아브람도 그 시대의 사람들처럼, 자유의지에 의해, 눈짐작으로 산정했다. 그 많은 전리품 전체를 어떻게 다 헤아릴 수 있었겠는가. 하다못해 10%의 전리품이라도 어떻게 정확히 측정할 수 있었겠는가. 말키체데크 왕 역시 10%인가 아닌가를 검증하지 않았다. 아브람의 진심만 보았다—구약 율법의 십일조 규례도 마찬가지였다.

그렇다면, 교회왕들이 강요하는 소득의 10%는 어떠할까. 아브람의 십일조대로라면, 자유의지에 의해 어림잡아서 내야 했다. 물론 아브람이 겨우 칼 한 자루를 전리품 십일조로 바치지는 않았을 것이다. 진심이 중요했다는 것은 상식으로도 다 아는 사실이었다. 정확한 10%인가 아닌가가 중요하지 않았다. 따라서 야훼벗들은 10%보다 더 많이 낼 수도 있고, 더 적게 낼 수도 있었다.

이 10%가 정확한 수치가 아니었다는 점은 어느 시대나 그러했다. 아브람 시대는 물론, 율법 이후 시대도 정확한 수치가 아니었다. 오늘날 정확히 10%로 계산하여 십일조헌금을 내는 것은 비성서적이며 야훼의 뜻이 아니었다. 야훼가 그런 말씀을 하지 않아서다.

횟수

아브람은 평생 동안 십일조를 몇 번이나 바쳤을까? 흥미로운 질문이다. 딱 한 번이어서다. 교회왕들의 주장대로라면, 아브람의 십일조가 오늘날의 십일조헌금의 근거이므로, 십일조헌금은 평생 한 번만 내면 된다. 교회왕들이 어떤 야훼벗에 대해 '평생 십일조 이행자'라며 치켜세우는 의도는 무엇이었을까. 그 의도 속에는 무엇이 숨겨져 있었을까.

사실, 아브람은 십일조로 야훼에게 감사할 수 있는 큰 은총을 입은 것이 한두 번이 아니었다. 미츠라임의 파르오 왕과 그랄의 아비멜레크 왕에게서 아내 사라이가 구출되었을 때와 재물을 많이 얻었을 때, 특히 아들 이츠하크가 태어났을 때, 더구나 모리야 산에서 이츠하크가 살아났을 때는 십일조 그 이상으로 바칠 수도 있었다. 그런데도 한 번뿐이었다. 매주, 매월, 매년 십일조를 바치지 않았다. 예배를 드렸을 때도 십일조를 바쳤다는 기록은 없었다. 십일조가 중요한 예배 행위였다면 필히 이행했을 것이다.

그러므로 아브람이 마치 정기적으로, 아니, 평생 십일조 생활을 했다며 십일조헌금의 근거라고 하는 것은, 정말이지 허위사실에 의한 사기죄가 성립된다.

아브람은 십일조 바치기 전에 이미 부자였다!

아브람이 말키체데크 왕에게 전리품 십일조를 바치기 전에 이미 부자였다는 사실은 매우 중요하다. 자꾸만 아브람이 이 전리품 십일조로 부자가 되었듯, 오늘날에도 부자가 되는 비결이 십일조라고 우기기 때문이다.

창세기 13장 2절에 "아브람은 집짐승과 은과 금이 많은 큰 부자가 되었다."라고 기록돼 있다. 또한 아브람의 전리품 십일조 이행은 14장 20절에 기록돼 있다. 이는 무엇을 뜻하는가. 십일조를 바친 것은 부자가 된 이후였다는 것을 뜻했다.

설령, 아브람이 십일조 이행 후 경제적 번영을 이뤘다고 하더라도 그것은 십일조와는 무관했다. 자동판매기에 동전을 넣기만 하면 원하는 물건이 쏟아져 나오듯, '아브람의 전리품 십일조'가 그런 역할을 했다는 것은, 야훼를 박수·무당들의 신으로, 천박한 신으로 전락시키는 매우 불경스러운 짓이었다.

따라서 교회왕들이 말키체데크에게 바친 아브람의 전리품 십일조가 경제적 번영의 근거라고 하면서 계속해서 십일조를 요구하는 행위는, 허위사실 유포에 의한 모욕죄, 명예훼손죄는 물론, 사기죄에 해당된다. 나아가 야훼와 아브람의 이름까지 팔아먹었으니 이 죄를 어찌해야 좋을까. 게다가 전리품 10%와 월급 10%는 전혀 달랐다.

아브람은 전리품 십일조를 바치기 전에 이미 부자였다. 그러기에 잘못 인용하지 말아야 한다. 더구나 아브람의 십일조가 십일조헌금의 본보기라면, 아브람이 아들 이츠하크를 모리야 산에 데리고 가서 번제를 드린 것도 본보기가 되어야 할 것이다. 교회왕부터 시범으로,

자녀 한 명을 데리고 어느 산에라도 가서 번제를 드리는 시늉이라도
해야 한다.

모쉐의 기록의도

창세기 기록자 모쉐가 이 본문을 기록할 때, 그 기록의도가 무엇
인지를 이해하는 것이 매우 요긴하다. 이는 모든 성서문헌에 대해서
요구된다.

과연 모쉐의 기록의도는 무엇이었을까? 그가 아브람의 십일조
이행만을 돋보이고자 기록했을까? 아브람이 십일조 이행에 의해
만사형통의 삶을 살았다는 것을 입증하려고 한 것은 결코 아니었다.
아브람이 족장이 될 수 있었던 비결이나, 거주하던 지역에서 영향력
을 끼친 그 비결이 십일조 이행이었다는 점을 알리고자 했던 것도 아
니었다. 아들 이츠하크가 태어난 비결, 재물이 많아진 비결, 나아가
후대의 사람들에게 십일조의 본보기를 보여 주고자 기록한 것도 결
코 아니었다.

이스라엘 민족에게 십일조가 매우 중요했다면, 십일조가 인생의
화복을 결정하는 비결이었다면, 모쉐가 이에 대해 매우 심도 있게 기
록했을 것이다. 에덴 대공원에서 살던 아담과 하와 때부터 십일조가
시작됐다며 이 사실을 분명히 기록했을 것이다. 므투셀라흐의 969세
장수의 비결이 십일조였다면 반드시 이를 기록했을 것이다. 노아흐
가 대홍수 후 기적처럼 살아났을 때도 십일조를 바쳤다고 기록했을

것이다. 아브람도 여러 차례 위기에서 벗어났을 때마다 십일조를 바쳤다고 기록했을 것이다.

창세기 14장 20절은, 아브람의 야훼에 대한 '신앙고백'을 알리려는 것이 모쉐의 기록의도였다. 조카 롯을 기적적으로 구하여 주신 야훼에 대해 감사하는 신앙고백의 표현이었음을 알리려고 했다. 이 점이 십일조보다 더 중요했다.

만약 십일조가 더 중요한 행위였다면, 아브람은 반드시 아들 이츠하크에게 강조하고 또 강조하면서 가르쳤을 것이고, 후손들에게도 철저히 가르치도록 강조했을 것이다. 그러나 이츠하크가 십일조를 바쳤다는 기록은 없다. 요세프의 삶을 보더라도 그 누구보다 십일조를 바쳤을 크나큰 사건들 — 감옥에서 나왔을 때, 총리가 되었을 때, 풍년의 수확을 거두었을 때, 가족과 재회를 했을 때 등 — 이 있었지만 십일조에 대한 기록은 없다.

에덴에서부터 인간은 야훼에 대해 '경배 — 순종 — 신뢰 — 의존'으로 응답하는 삶이 요구됐다. 야훼의 창조 목적이었다. 창세기 전체에 이 창조 목적이 줄기차게 흐르고 있다. 이 응답에 의해 인간은 야훼와 바른 관계를 유지할 수 있었고, 모든 영역에 대해 야훼의 통치권이 행사되어 야훼의 샬롬(평화) 통치권 안에 머물 수 있었다. 이 관계(인간의 응답 및 야훼의 통치권 행위에 의한 보호)는 언약관계로 이뤄졌다 — "나는 너희에게 한 약속을 틀림없이 지키는 신실한 야훼가 되어 줄 것이니, 너희도 나와 맺은 약속을 충성스럽고 신실하게 준수하는 나의 백성이어야 한다.”

아브람은 이 에덴 전승과 언약관계를 잘 알고 있었다. 야훼가 아브람 자신에게도 이 언약대로 살아가기를 요구한다는 것도 잘 알고 있었다. 롯을 구출할 수 있었던 것도 야훼의 언약 준수 행위라는 것을 잊지 않았다. 야훼는 신실하기에 반드시 그 약속을 지킨다는 것을 신뢰했다. 야훼를 의존했고 경배했으며, 야훼에게 순종했다. 이 마음의 태도가 중요한 요소였다. 이 태도보다 십일조 행위에만 관심을 두게 되면, 모쉐의 기록의도를 제대로 파악할 수 없게 된다. 아브람의 신앙고백·신앙표현에 대해서는 관심이 없고, 말키체데크 왕에게 준 십분의 일에만 관심을 두거나, 이것만을 근거로 십일조 이행을 주장한다면, 모쉐의 기록의도에서 벗어나고 만다. 특히, 아브람이 십일조 이행으로 복을 받아 경제적인 번영을 이루었다는 얼토당토않은 주장은, 모쉐의 기록의도와는 무관하기에 아예 꺼내지도 말아야 한다.

율법 이후 시대의 십일조와 시간적 차이

‘율법 이전 시대’의 십일조인 아브람의 전리품 십일조와 ‘율법 이후 시대’의 십일조 규례 사이에 있는 시간적 차이를 이해할 필요가 있다. 이 시간적 구별은 십일조를 보다 더 잘 이해할 수 있는 방법을 안내해주기 때문이다.

시기가 다르다는 것은, 각 시기에 각기 고유한 의미가 있다는 것을 뜻했다. 자칫 아브람 시대의 시점과 율법 이후 시대의 시점에 대해, 나아가 오늘 이 시대까지 동일하게 동일한 의미가 있는 것으로 여기고서 이해하려는, '통시적(diachronic) 이해'만을 추구하는 모순에 빠질 수 있기 때문이다. 아브람 시대의 시점이라는 '특정한 시점'에 대한 이해, 곧 '공시적(synchronic) 이해'가 먼저 필요하다. 율법 이전 시대와 율법 이후 시대라는 구별은 '공시적 이해'를 추구하게 하며, 아브람의 십일조에 대해 보다 나은 이해를 하는 데에 결정적인 영향을 주기 때문이다. 이러한 이해는 비단 아브람에 대해서만 관련되어 있지 않다. 십일조와 관련된 본문을 비롯한 모든 성서 본문을 이해할 때 반드시 접근해야 하는 필수 요건이다.

공시적 접근이 없는 통시적 이해는, 교회왕들의 또 다른 억지 주장에서 명백하게 드러나 보였다. 히브리서 기록자가 아브람이 말키체데크 왕에게 십일조를 바친 것에 대해 인용했다. 그 기록자가 인용한 이유는 십일조 교리화 목적이 결코 아니었다. 이에수스의 대제사장 신분을 강조하고자 인용했을 뿐이다. 그런데도 교회왕들은 이 본문의 역사적 배경이나 신학적 목적, 최소한 중심 주제가 무엇인지조차 숙고하지 않았다. 오로지 '십일조'라는 단어가 보인다는 이유만으로 십일조헌금의 근거라고 우겼다.

1. 아브람은 어떤 목적으로, 어떤 물품으로 말키체데크 왕에게 십일조를 바쳤는가? 곧 아브람의 십일조에 관한 원래의미는 무엇인가?

2. 아브람이 바친 십일조의 특징은 무엇인가?

3. 창세기 기록자 모쉐가 아브람의 십일조를 기록한 기록의도가 무엇이라고 생각하는가?

4. 아브람의 십일조가 오늘날 우리 시대의 십일조헌금의 근거라고 주장하는 이들이 있다. 동의하는가, 동의하지 않는가? 그 이유는 각기 무엇인가?

이행 약속 십일조

모쉐는 창세기에 또 다른 십일조를 기록했다. 창세기 28장 22절에 기록된 야아콥의 십일조였다. 고대 이스라엘 족장들이 '십일조'에 의해 한국에서 대환영을 받았다는 것은 정말이지 흥미로운 일이 아닐 수 없다.

교회왕들은 이 야아콥의 십일조를 십일조헌금의 또 다른 기원으로 삼았다. 언뜻 보기에는 '십일조'라는 단어가 있기에 그렇게 주장할 수도 있었다. 하지만 근거가 아님을 입증하는 분명한 증거가 있었다. 그것은, 야아콥이 야훼에게 십일조를 바치겠다는 '이행 약속'이었다는 점, 야아콥이 나중에 그 약속대로 바쳤는지에 관해서는 기록이 없다는 점이 그 증거였다. 그러기에 이 구절을 근거로 십일조헌금을 요구할 수 없다.

야아콥의 십일조와 아브람의 십일조 사이에 차이점과 공통점이 있었는지를 알아볼 필요성이 있다. 그것은, 야아콥의 십일조가 오늘날의 십일조헌금 기원인지 아닌지를 규명하는 데에 근거가 되기 때문이다.

차이점

첫째, 모쉐는 야아콥의 십일조가 야훼에게 십일조를 드리겠다는 '약속'이었다는 점에서 아브람의 십일조와 다른 점을 알리고 있다.

아브람의 십일조는 '실제 이행'이었지만, 야아콥은 '이행 약속'이 어서다.

이뿐 아니라, 야아콥이 평생 살아가는 동안 십일조를 바쳤다는 기록이 없다는 점은 다소 의외다. 야아콥이 삼촌 라반의 집에서 재산을 많이 모았을 때, 다시 벧엘로 돌아왔을 때, 야훼가 큰 복을 주었을 때도 십일조를 드리지 않았다는 것이다. 인생 대박과 같은 일들이 일어났는데도 십일조를 드리지 않았다는 것은 무엇을 뜻할까. 야아콥이 평소 십일조를 정기적으로 드렸다면, 이때야말로 십일조를 드릴 때였다. 야훼가 야아콥에게 "제단을 쌓으라!"라고 말씀했을 때도 십일조를 드렸다는 기록이 없었다. 더구나 야훼가 야곱에게 십일조를 바치라고 직접 요구한 기록도 없었다.

교회왕들이 '이행 약속'에 지나지 않는 것을 십일조헌금의 근거라고 한다면, 이 세상에 공염불로 끝난 것도 다 근거가 될 수 있다는 말과 같다. 인간들이 지키지 않는 '이행 약속'이 얼마나 많은가. 특히 한국사회의 고위층들처럼 '이행 약속'을 쓰레기통에 쉽게 버리는 부류는 없을 것이다. 교회왕들은 그런 것이라도 주워서 써먹겠다는 심산인지 정말 알다가도 모를 짓을 자행했다.

둘째, 야아콥의 십일조는 조건적이었다는 점이다. 야곱은 약속을 했지만, 그 약속에 조건을 붙였다. 곧 "야훼가 함께하여 주면, 가는 길을 지켜주면, 먹을 것과 입을 것을 주면, 안전하게 고향 집으로 돌아오게 해주면 그때에 십일조를 드리겠다."라는 약속이었다. 그러니까 먼저 야훼가 그와 같은 일을 이뤄달라는 조건을 내세웠다. 이는 그와 같은 일을 이뤄주지 않는다면 십일조를 바치지 않겠다는 뜻도 내포돼 있었다. 아브람에 비해 흥정 의도가 다분히 있어 보였다.

이 흥정은 오늘날 교회왕들의 십일조헌금 요구 내용에서도 볼 수 있는 현상이다. 야훼와 흥정을 하는 조건을 내걸어서다. 이런 요구는 야훼의 복을 사려는 뇌물과 같은 짓이었다. 그릇된 십일조헌금 요구는 뇌물을 요구하는 행위와 같았다.

아마 야아콥이 이때는 신앙이 연약했을 것이다. 홀로 고향집으로 떠나 삼촌 라반이 있는 곳으로 가야 하는 먼 여행길이라서 심리적으로 힘든 상태였을 것이다. 불안장애가 심했을 수도 있었다. 나약해진 심리 상태에서 미숙한 말, 조건을 붙인 약속을 했을지도 모른다. 하여튼 아브람은 그 어떤 조건도 붙이지 않았다.

교회왕들이 야훼와 흥정을 해보라고 직접 말하지는 않는다. 하지만 야아콥처럼 조건을 내걸고서 십일조를 바치겠다고 서원을 해보라고는 했다. 그런데 조건이 붙는 십일조는 진정한 십일조가 아니었다. 그게 바로 흥정하는 행위였다. 그러기에 야아콥의 이행 약속 십일조는 십일조헌금의 근거가 될 수도 없거니와 근거로 삼지 말아야 했다.

셋째, 야아콥은 야훼께서 주신 모든 것들 중에서 십일조를 드리겠다고 약속했다. 이것도 아브람의 전리품 십일조나 율법 이후 시대의 기본식량 십일조와도 달랐다. 그 '모든 것'이 구체적으로 무엇인지 기록되어 있지 않지만, 더구나 야아콥이 그 모든 것의 십일조를 드렸다는 기록도 없지만 야아콥은 야훼에게 안정과 풍요를 구했을 것이다. 또 답례를 하겠다는 십일조 문화 표현 양식을 사용했을 것이다. 마치 고대 근동 사람들이 신들에게 안정과 풍요를 구하며 좋은 결과에 대한 답례로 십일조를 바친 것처럼. 혹은 고대 근동 사람들이 안정과 풍요를 얻고자, 신들의 호의를 얻고자, 미리 십일조를 바치는 문화 방식을 차용하여 야훼에게 모든 것에 대한 십일조 이행 약속을 미리 했을 수도 있었다.

야아콥이 ‘모든 것의 십일조’로 약속했기에, 그의 약속을 근거로 십일조헌금을 해야 한다면, 생활의 모든 것에 대한 십일조여야 한다. 새로 구매한 숟가락·젓가락과 화장지에 대한 십일조까지도 바쳐야 한다. 정확하게 10% 계산이 되지 않을 경우는 어떻게 해야 하는가. 새로 산 신발 한 켤레에 대한 10%는 어떻게 바쳐야 할까. 십일조 도사들인 교회왕들에게 물어보면 알 수 있을까.

교회왕들은 야아콥의 십일조가 어떤 것인지에 대해서는 관심이 없었다. 표면에 드러나 보인, ‘십일조’라는 단어가 보인다며 인용할 뿐이었다. 이행 약속 십일조든 이행 포기 십일조든 그런 것은 상관이 없었다. 이런 일대일 대응 단어 게임식 인용을 하는 행위는 사이비나 이단의 특징이다. 그렇다면 교회왕들이 야곱의 이행 약속 십일조를 십일조헌금의 근거라며 요구했기에, ‘십일조 사이비’나 ‘십일조 이단’이라고 해야 하는가?

첫째, 아브람과 야아콥 두 사람 다 '자발적'이었다는 공통점이 있다. 야훼가 요구한 명령이라서 바쳤거나, 바치겠다는 약속을 한 것이 아니었다. 율법 이후 시대, 야훼의 직접 요구에 의한 자발성과는 달리, 스스로 마음에서 우러난 결심으로 바쳤고, 바친다는 약속을 했다. 누구의 강요로 바치거나, 바친다는 약속을 한 것이 아니라는 사실을 명심하고 또 명심해야 한다. 자발성은 사랑·헌신·존경에 근거하지만, 비자발성은 강제성에 의한 요구이기에 자발성의 마음과는 다를 수밖에 없어서다.

교회왕들이 야아콥의 이행 약속 십일조를 근거로 십일조헌금을 요구하는 것은 비자발성 요구 행위였다. 따라서 야아콥의 자발적 이행 약속 십일조를 근거로 삼을 수 없다.

둘째, 감사하는 내면성에 의한 외적 표현이었다는 점이 공통점이다. 자발적 감사! 아브람은 전쟁 포로가 된 롯이 구출된 것이 감사하여 말키체데크 왕에게 십일조를 바쳤고, 야아콥도 야훼가 함께하여 주는 것과 의식주 해결에 대한 감사의 답례로 십일조를 바치겠다고 약속했다. 두 사람의 십일조란 감사를 전제로 했다.

그런데 원래 야훼가 요구하는 참된 감사는 좋은 일과 궂은일을 다 포함했다. 이에 반해, 교회왕들의 주된 십일조헌금 요구는 '소득'과 관련돼 있었다. 물론 소득이 생긴 것을 감사의 조건으로 삼으라고 말했다. 하지만 궂은일에 대한 감사도 포함돼야 하며, 이에 대한 십일조헌금도 요구했어야 하지 않을까. 결국, 교회왕들이 요구하는 것은 사실상 '감사' 보다 '소득'에 있었다. 그래서 빚이 늘어나든, 경제적 어려움으로 고통스럽게 지내든 그런 것에는 아랑곳하지 않았다. 어떤 소득이든 생기기만 하면 십일조헌금을 바치게끔 했다. 심지어 장애수당 3만 원에 대한 십일조 3천 원을 바치지 않는 장애인에 대해 야훼에 대한 태도에 문제가 있는 사람으로 간주하는 교회왕도 있었다.

셋째, 두 사람 다 지속적이고 정기적으로, 매주·매월·매년, 나아가 평생 십일조 생활을 했다는 증거가 없다. 야아콥도 지속적으로 십일조를 바쳤다면, 삶의 중요한 때에, 이를 테면 라반의 집에서 축산업이 잘됐을 때, 위험에 처했을 때, 형 에사우와의 갈등이 해결됐을 때, 특히 미츠라임에서 요세프를 만났을 때, 그곳에서 평안한 여생을 보냈을 때에 분명히 십일조를 바쳤을 것이다. 아브람은 딱 한 번 바쳤고, 야아콥은 한 번도 바치지 않았다는 점에 왜 유의하지 않았을까.

넷째, 아브람과 야아콥은 당시의 고대 근동 십일조 문화를 차용한 것이 공통점이었다. 고대 근동 지역에 이미 널리 퍼져 있던, 신·왕·제사장들에게 바치던 십일조 문화 방식을 차용하여 야훼에 대한 신앙고백을 표현했다. 이는 두 사람의 자발성을 더 뒷받침해준다. 또한 하늘에서 특별한 계시로 요구된 십일조가 아니었음을 입증해 준다.

다섯째, 야훼가 두 사람 모두에게 직접 십일조를 요구하지 않았다는 점이 공통점이었다.

그런데도 교회왕들이 아브람의 경우든 야아콥의 경우든, ‘십일조’라는 단어가 있다고 하여 십일조헌금의 근거로 삼는 것은 정말이지 ‘단어 찾기 게임’에 지나지 않았다. 나아가 그런 결과를 근거로 십일조를 요구하는 것은 사기 행위라는 것을 입증할 뿐이었다.

1. 야아콥의 십일조 특징은 무엇인가?

2. 아브람과 야아콥의 십일조에 대해 차이점과 공통점은 무엇인가?

3. 야아콥의 십일조가 오늘날 십일조헌금의 기원인가, 아닌가? 그 이유
   는 무엇인가?

십일조 기록이 없는 출애굽기

어떤 교회왕들은 모쉐 오경 전체에 십일조가 기록됐다고 했지만 사실이 아니었다. 모쉐 오경 중 출애굽기에는 유일하게 십일조에 관한 기록이 없다. 이 사실은 정말이지 십일조에 대해 또 다른 점을 생각하게 한다.

출애굽기는 창세기에서 시작된 기록 내용이 이어졌다. 창세기의 후편과 같았다.

그런데 미츠라임에서 살던 이스라엘 민족은 십일조를 이행한 아브람과 이행 약속을 한 야아콥의 후손들인데도 왜 십일조를 바쳤다는 기록이 없을까. 모쉐는, 아브람이 롯을 구출한 사건보다 더 어마어마한 사건이 있었는데도 왜 십일조에 대해 기록하지 않았을까.

모쉐는 이집트 왕궁에서 왕자 교육을 받았기에, 고대 근동 국가들이 '풍요와 안전'을 위해 신전에 십일조를 비롯하여 갖가지 제물을 바치는 문화를 잘 알고 있었다. 또한 아브람과 야아콥의 십일조에 대해서도 구전으로 전승됐기에, 이 십일조가 중요한 신앙 행위였다면, 창세기 전승을 이어가는 출애굽기에 어떤 방식으로든 기록했을 것이다—적어도 율법 전수 전까지는.

모쉐 자신부터 미디안에서 40년간 목자 생활을 하면서 십일조 생활을 했을 것이다. 양을 치는 목자로서 용이하게 양으로 십일조를 바칠 수 있었기에 정기적으로 이행할 수 있었다. 단 하루라도 조상들의 야훼를 잊지 않고자 십일조를 이행했을 것이다. 야훼가 파르오 왕에게 열 가지 재앙을 내렸을 때도 십일조로 감사의 표현을 할 수 있는 사건들이었다. 특히 홍해를 건너자마자, 너무나 놀랍고 감격스러운 구원 사건이라서 십일조 정도가 아니라 열의 열, 모든 것을 반드시 바쳤을 것이다. 미츠라임에서 나올 때 가지고 나온 금·은·귀금속·가축 등 바칠 것들이 풍부했기에 충분히 감사의 표징으로 십일조를 이행하게끔 할 수 있었다. 얼마나 감사한 일인데 그냥 지나쳤겠는가. 더구나 야훼가 준 십계명 돌판을 가지고 내려왔을 때도, 곧바로 온 이스라엘과 더불어 십일조를 가장 먼저 드렸을 것이다. 그런데도 그런 기록이 없다. 이 엄청난 사건에 대해 십일조가 없다? 이는 무엇을 뜻할까.

그래서인지 교회왕들 중 아무도, 율법 전달 전에 모쉐가 십일조 생활을 했는지 아니 했는지에 대해 언급하지 않았다. 십일조가 매우 중요했다면 모쉐와 같은 위대한 지도자가 율법 전달 전까지 왜 행하지 않았는지에 대해 뭔가 한 마디라도 했어야 했다. 특히 모쉐는 율법 규례들 중 십일조에 대해 기록까지 한 기록자였다. 그런 모쉐가 율법 전달 전에라도 십일조를 이행했다는 기록이 없다는 것은 무엇을 뜻하는지에 대해 한 번이라도 생각해봤을까. 교회왕들이 진정으로 십일조를 중요한 행위로 여겼다면, 이 사실에 대해 주목해야 했었다. 특히 홍해를 건넌 위대한 구원 사건 후 왜 십일조 기록이 없는지에 대해서는 관심이 없었다. 왜 그랬을까. '돈 모으는 장사' 와 관련이 없어서다. 그들은 '십일조' 보다 '돈' 에만 관심이 있을 뿐이다. 교회왕들의 마음과 생각 속에는 돈이 '야훼의 뜻' 을 에워싸고 있으며, 돈이 '십일조' 를 에워싸고 있을 뿐이다.

교회왕들은 구원받은 사람이라면 반드시 십일조를 내야 한다고 요구했다. 그런데 이 홍해를 건넌 사건은 구원 사건이었다. 교회왕들의 요구대로라면 반드시 홍해에서 나오자마자 그 즉시 십일조를 해야 했다. 혹은 그 이전에라도 구출받기 위해서라도 십일조를 해야 했다. 이 사실은 매우 의미심장하다. 구원과 십일조는 반드시 필수적인 관계가 아니라는 사실을 입증하기 때문이다. 구원받았으니, 혹은 구원받아 천국에 가려면 반드시 십일조를 내야 한다는 요구는 사기 내지 부당 이익 행위가 분명했다. 모쉐는, 십일조는 구원 및 천국과는 아무런 관계성이 없다는 것, 그래서 이와 관련하여 십일조헌금을 내지 않아도 된다는, 십일조에도 '십일조 자유권' 이 있음을 알리고자 하지 않았을까.

한편, 모쉐는 십일조를 어떻게 기록할 것인가를 고민했을지도 모른다. 십일조가 매우 중요했다면, 율법 수령을 기록한 출애굽기에 포함시키는 것이 매우 타당한 일로 여겼을지도 모른다.

하지만 출애굽기에는 십일조보다 더 중요한 부분이 있었다. 이는 십일조 규례가 율법의 중심 규례가 아니었음을 뜻했다. 더 중요했던 것은, 조상들의 야훼가 어떤 분인가, 미츠라임 노예 살이에서 어떻게 구원을 받았는가, 구원받은 후 광야에서의 삶이 어떠했는가, 시내산에서의 언약 및 율법 수령과 전달에 대해 초점을 두고서 기록하고자 했다. 또한 레위기·민수기·신명기는 출애굽기의 율법 기록에 비해 좀 더 구체적으로 확장하여 기록하려고 했을 것이다. 그래서 이 삼경에는 십일조가 기록됐다. 반면, 출애굽기는 율법의 핵심 사항을 요약 형태로 기록했다. 그러다보니 출애굽기에는 십일조 규례가 구체적으로 기록되지 않았을 수도 있었다.

교회왕들은 십일조 기록이 있는 것과 없는 것에 대해서는 관심이 없었다. 십일조를 정말 야훼의 뜻으로 여겼다면, 야훼의 뜻을 잘 알기 위해서라도, 그 뜻을 잘 받들기 위해서라도 출애굽기에는 왜 십일조 기록이 없는지를 알려고 애썼을 것이며, 그래서 그 이유를 십일조보다 더 중요한 일로 여겼을 것이다.

1. 출애굽기에는 야훼의 큰 은총 사건들이 있었지만 감사의 십일조를 바쳤다는 기록이 없다. 이는 무엇을 뜻할까?

2. 모쉐가 출애굽기를 기록할 때 왜 십일조를 기록하지 않았다고 생각하는가?

3. 오늘날 십일조 자유권이 찬탈당한 이유가 무엇인가?

먼저 거룩한 삶이 요구된 십일조

레위기 본문 이해가 어렵다고들 한다. 사실이다. 레위기 십일조도 설명하기가 쉽지 않다. 성서 각 책마다 독특성이 있는 바, 레위기의 중심 주제는 '거룩'이라서 사람들이 이해하기가 쉽지 않다. 거룩에서 시작하여 거룩으로 끝나는 매우 독특한 측면이 있어서다. 인간 자체가 거룩하지 않은 것도 한 가지 이유다. 그래서 다른 성서 본문에 대해서도 진지함이 필요하지만, 레위기 본문 이해는 좀 더 긴히 진지함이 요구된다. 비거룩한 인간들이 '거룩'이라는 중심 주제를 이해하기 위해서다.

레위기를 보면, 야훼가 야훼 백성에게 거룩성을 철저하게 요구한 것을 알 수 있다. 왜 그러했을까? 기본적으로 야훼와의 관계성(거룩), 야훼 백성 사이의 관계성(거룩), 땅과 온 우주 만물과의 관계성(거룩)과 관련된 점이 있어서다. 거룩한 야훼 백성이 되어야 '제사장 나라'가 되어 야훼의 구원 계획, 세상 만민을 구원하려는 도구로 쓰임 받을 수 있어서였다. 곧 성소 안에서 거룩한 예배만이 그 목적이 아니었다. 세상 밖을 향해, 온 세계를 향해 퍼져나가는 야훼의 거룩한 향기가 필요했기 때문이다. 이것이 야훼의 계획이었고 목적이었다. 그저 성막이나 성전 안에서 예배 한 번만으로 끝나는 거룩이라면 진정한 의미에서 거룩이 아니었다. 살아 있는 거룩은 성소 밖, 세상 속에서, 온 세계를 향해 퍼져나가는 거룩이어야 했다. 그래서 레위기의 거룩은 세계적인 거룩, 우주적인 거룩이었다. 성소 안에 갇힌 거룩이 아니었다.

야훼의 이 방식은 매우 독특했다. 그 당시의 사람들은 군사력으로 다른 국가를 정복했다. 그런데 '거룩'으로 세상 만민에게 영향을 준다는 것을 누가 쉽게 이해할 수 있었겠는가.

이 거룩은 돈보다 더 중요했다. 돈으로는 거룩해질 수 없어서다. 돈은 세상 속에 있는 그 많은 것들 중의 하나에 지나지 않았다. 야훼의 일반 은총들 중의 하나며, 하나의 도구에 불과했다. 야훼의 창조 목적에 의해 돌과 풀이 각기 그 역할이 있듯이, 돈도 돌과 풀과 같은 역할을 할 뿐이다. 그런데도 교회왕들은 레위기의 이 거룩한 십일조를 십일조헌금이라는 돈으로 바꿔버렸으니 통탄할 일이 아닌가.

불행하게도 그 많은 것들 중에 돈이 현재 최고의 위치를 차지하고 있다. 더 불행한 사실은, 한국교회와 한국사회에서 돈이 가장 강력한 힘을 가진 위치에 서 있다는 점이다. 게다가 이 돈이 야훼의 '거룩 계획과 거룩 목적'을 희석시키는 훼방자 노릇을 하고 있다는 점이다. 이는 사타나스가 전략 도구로 사용한 증거이기도 하다. 그래서 야훼의 거룩으로 제 위치로 되돌아가게끔 해야 하는 과제를 안고 있다.

본문 맨 끝부분에 배치

레위기의 십일조는 27장 30-33절에 기록되어 있다. 맨 끝부분에 배치됐다. 이는 모쉐가 다소 특이하게 기록한 것을 뜻한다. 본문 맨 끝부분에다 마치 부록처럼 덧붙였다. 물론 부록은 아니었다. 이는 무엇을 뜻할까. 레위기 전체 관점에서 이해할 필요가 있다.

레위기 중심 부분에 십일조 규례보다 더 중요한 규례들을 두다 보니 뒷부분에 기록됐던 것이다. 야훼 백성이 지속적으로 거룩하게 되기 위해서는 속죄 제의가 필요했다. 그래서 중심 부분에는 가장 중요한 제의들, 죄 사함을 받는 대속 제의와 대속 제물에 대해 기록했다.

반면, 십일조는 대속 제물이 아니었다. 헌물이었다. 헌물은 자발적으로 야훼에게 감사와 헌신하는 표징으로 드리는 예물이었다. 그러기에 십일조로는 죄를 속량 받아 거룩해질 수 없었다. 곧 십일조 헌금을 많이 낸다고 하여 면죄부를 받는 것이 아니라는 것이다. 십일조를 내지 않는다고 하여 구원을 받지 못하는 것도 아니었다. 그런데도 얼마나 장기간 속아왔는가. '십일조는 구원이다.' 라는 잘못된 신앙 사고가 뇌리 속에 자리 잡은 이유가 도대체 무엇일까. 십일조든 십일조헌금이든, 죄 사함을 받아 지속적으로 거룩한 야훼의 통치권 안에 머무는 거룩한 야훼 백성이 되는 것과는 아무런 상관이 없었다. 그러니 얼마나 억울하겠는가. 130년 동안 십일조헌금을 바쳤는데 그 총액이 얼마인가. 단 한 푼으로도 구원받지 못하고 천국에도 가지 못한다니 말이다.

본문 맨 끝부분에 배치한 것과 관련하여 더 특이한 점이 있다.

레위기의 십일조가 서원 규례들과 같이 기록됐다는 점이다. (오늘날에도 서원 규례 준수를 주장하는 사람들이 있는 바, 그 어떤 구약 규례라도 그 본질은 신약으로 이입됐지만 그 형식 규례는 폐지됐기에 서원 주장은 신구약 사이의 연속성과 불연속성에 대한 오해다.)

서원은 서원자가 '자발적으로' 드려야 했다. 강요가 아니었다. 이는 그 누구라도 강요할 수 없다는 것을 뜻했다. 따라서 강요 행위는 십일조의 참된 의미를 망가뜨리는 행위다. 또한, 다른 서원 규례들에 대해서는 '현금'으로 그 값을 산정한 반면, 십일조는 현금이 아닌 농축산물이었다. 서원 규례는 현금, 십일조는 현금이 아닌 농축산물! 따라서 강요에 의해 십일조를 내거나, 현금으로 십일조를 드리는 행위는 규례 위반, 곧 야훼의 어명을 어기는 행위였다.

그러기에 교회왕이든 그 누구든 '현금'으로 십일조헌금을 바치라고 하는 것은 범죄 행위였다. 이 레위기 십일조 규례에 의해서라도 범죄 행위에 해당된다. 십일조를 '요구'하거나 '현금'으로 바치라는 요구 행위는 처벌을 받아야 하는 불법행위였다.

십일조 용도가 명시되지 않았다

레위기에는 십일조 용도가 명시되어 있지 않다는 점도 특이하다. 민수기에는 레위인과 제사장의 '기본식량'으로 사용하도록 명시했다. 신명기에도 '기본식량'이 없는 레위인과 제사장, 고아, 과부, 거류민들을 위해, 제사를 드린 후 가족 잔치를 위한 '잔치 먹거리'로 사용하도록 명시된 것과는 사뭇 다르다. 기본식량으로 나누는 행위도 거룩한 행위였음에도 레위기에는 그 용도가 명시되지 않았다.

그와 같은 용도 명시가 없는 반면, 모쉐는 야훼에게 십일조를 드리는 행위를 '거룩한 삶'이라는 관점에서 기록했다. 거룩한 삶의 관점이란 무엇인가?

모든 거룩한 것의 대표·상징 의미

올림픽 개회식을 보면 각국 기수들이 맨 앞에 서 있다. 그 기수는 선수단 전체를 대표한다. 그렇다고 그 기수만 선수가 아니다. 뒤를 따르는 사람들 모두 다 선수며, 기수는 선수들을 대표할 뿐이다.

십일조도 전체를 대표했다. 십일조라는 한 부분으로, 모든 것이 야훼의 것이라는, 전체를 대표했다. 그 한 부분도 야훼의 모든 것들 중 하나로 드렸다. 인간의 것으로 드리는 것이 아니라, 야훼의 것을 가지고서 야훼에게 드리는 행위였다. 원래 인간의 것이라고는 아무것도 없어서다.

그래서 이 십일조를 드리는 것은, 온 우주 안에 존재하는 것은 모두 다 야훼의 것이라서 야훼에게 고백하며 감사하는 상징적 행위임을 표현하는 한 가지 방식이었다. 그렇다고 열의 하나만 야훼의 것이고, 열의 아홉은 인간이 마음대로 쓸 수 있는 인간의 것도 아니었다. 그 모든 야훼의 것들 중 열의 하나를 야훼의 모든 것에 대한 대표적·상징적 표징으로 하되, 모든 것이 다 야훼의 것임을 인정하며 고백하는 태도와 동기에 의한 표현이었다. 온 인류가 다 야훼의 것이지만 아담이 온 인류의 대표이듯, 온 민족이 다 야훼 백성이지만 이스라엘이 온 민족의 대표이듯, 12지파 모두 야훼의 것이지만 레위 지파가 12지파의 대표이듯, 온 우주를 다스리지만 특정한 곳 성전이 모든 곳 다스림의 대표이듯, 모든 자녀와 모든 수확물이 다 야훼의 것이지만 초태생이 그것들의 대표이듯, 모든 것이 다 야훼의 것이지만 십일조가 그것의 대표적·상징적 표징이었다.

또한 이 표징은 거룩한 대표, 거룩한 상징이었다. 온 우주 안에 있는 모든 것들도 다 거룩하다. '존재론적으로' 거룩하다. 그 존재론적으로 거룩한 모든 것들 중에 십분의 일을 대표적으로 상징적으로 드릴 때, 십분의 일은 '제의적으로' 거룩한 헌물로 인정받았다. 그래서 십분의 일이 거룩하다고 했을 때 제의적으로 거룩하다는 의미였다. 이 양자 사이에서 어떤 물리적 변화가 일어나서 어떤 '거룩한' 것이 되는 것은 아니었다. 야훼가 '거룩 의미'를 부여하고 규정하고 선언했기에 거룩했다.

이 거룩은 먼저 야훼가 주는 거룩이라는 선물을 덧입어야 했다. 그런 다음 그 '선물 거룩'으로 야훼와 무엇을 하든 지속적으로 거룩한 관계성을 유지해야 했다. 그래서 거룩한 대표·상징을 뜻하는 농축산물 십일조를 드릴 수 있었다.

그런데도 교회왕들은 이 거룩한 의미가 있는 농축산물을 돈으로 바꿔치기 해버렸으니 그 책임을 어떻게 지려고 했을까.

수직적·수평적으로 거룩한 관계성

십일조의 대표·상징에는 모든 것에 대한 '소유 인정'만이 담겨 있지 않았다. 모든 것에 대한 감사, 존경, 경외의 마음도 담겨 있어야 했다. 즉, 대표·상징 의미가 있다고 하여 성소로 그냥 가지고 와서 십일조를 드리면 자동적으로 거룩해지는 게 아니었다. 먼저, 덧입은 '선물 거룩'(수직적 거룩)으로 성소 밖에서의 총체적인 삶이 야훼에 대한 거룩한 동기와 거룩한 태도에 의한 거룩한 삶이어야 했다. 이는 수평적 거룩의 삶이었다. 그래서 바치려는 십일조 헌물에 그 거룩한 동기, 거룩한 태도, 거룩한 삶이 담겨져 있어야 했다. 그런 다음, 성소로 가져와서 바칠 때 야훼가 수납해주시는 거룩한 헌물이 될 수 있었고, 야훼와도 거룩한 관계성이 지속될 수 있었다. 이는 수직적 거룩의 삶이었다. 그래야만 거룩한 야훼 백성으로서 거룩한 야훼의 통치권 안에 지속적으로 머물 수 있었다. 곧 성소 안팎이 동일하게 거룩한 측면이 있었다. 성소 밖의 삶도 거룩한 삶이었다. 성소 안에서 바치는 행위로만 거룩한 것이 아니었고 거룩해지는 것도 아니었다.

이 같은 성소 안팎의 거룩한 관계성이 늘 요구됐지만, 야훼 백성들은 이 요구에 대해 늘 사고치는 심각한 문제아들이었다. 수평적 거룩의 삶이 없을 경우, 수직적 거룩이 성립될 수가 없는, 이 수직·수평 거룩의 원리에서 항상 멀어지려고만 했다.

이 십일조에는 모든 것에 대한 감사와 고백뿐 아니라, 과거 미츠라임 노예 살이에서 구출해준 구원 사건에 대한 감사의 표현도 담겨 있었다. 야훼의 구원 은총을 잊지 않겠다는 거룩한 회상의 거룩한 표현이었다. 그런 거룩한 회상적 감사는 성소 밖에서 거룩한 수평적 거룩의 삶에 대한 동기가 되어줬다. 그런 거룩한 삶의 것들이 십일조에 담겨진 채 성소로 가져와야 했다.

야훼벗들은 이에수스 안에서 이와 같은 수직·수평의 삶을 살아가는 사람들이다. 이에우스가 이 수직·수평의 거룩을 완성했기 때문이다. 그런데 돌연히 이에수스 자리에 십일조헌금이라는 돈이 밀치고 들어왔다. 그 다음엔 어떻게 됐을까?

십일조 규례를 지킨다면 모든 율법규례도 지켜야 했다

십일조 규례를 오늘날에도 지키려고 한다면 십일조 한 가지만 지키면 안된다는 점도 특이하다. 모쉐는 대표적·상징적 헌물로서, 십일조 하나만 바치라고 기록하지 않았다. 레위기 전체나, 하다못해 본문 27장만 하더라도 십일조 하나만이 아니었다. 특히 초태생과 함께 바쳐야 했다. 그래서인지, 종종, 첫 월급 몽땅 바치라거나 맏아들은 목회자가 되게 해야 한다는 강요 행위가 있었다―이 강요도 불법행위지만. 신장개업 첫 매출을 다 바친 경우도 있었다.

이처럼 십일조 요구 행위는, 오늘의 야훼벗으로 하여금 '구약의 야훼 백성'이 되라는 강요 행위와 같았다. 이게 가능한 일인가. 게다가 구약의 야훼 백성으로 만들었으면 구약의 모든 규례를 요구해야 함에도 십일조 하나만을 요구했다. 왜 그랬을까?

성소 밖 일상생활에서 거룩한 삶을 '먼저' 요구했다!

모쉐는, 레위기에서 야훼의 백성이 어떻게 거룩한 백성이 될 수 있는가, 어떻게 거룩한 야훼를 만날 수 있는가, 어떻게 거룩한 관계성을 지속적으로 유지할 수 있는가에 대해 기록했다고 했다. 이것들을 기록하되 더 중요한 한 가지도 기록했다. 이 거룩한 만남과 거룩한 관계성 유지를 위해서는, 성소 밖에서 야훼 백성으로서 '먼저' 거룩한 삶을 살아야 하는 것이 '전제'라는 관점에서 기록했다.

이는 샬롬의 거룩이었다. 우주 전 영역 안에, 흠이 없는 온전한 거룩이 샬롬의 거룩이었다. 수직적으로 야훼에 대한 거룩한 관계, 수평적으로 세상·이웃·동물·자연환경 등 창조된 온 우주와의 거룩한 관계가 맺어지는 거룩이었다. 이 수직·수평 거룩은 "내가 거룩하니 너희도 거룩하라!"라는 야훼의 요구에 요약돼 있었다. 레위기의 중심 주제였다.

이처럼 레위기의 거룩은, 거룩의 법칙이 있었다. 야훼에게 거룩한 예배를 드리려면, '먼저' 성소 밖에서, 거룩한 내적 태도와 거룩한 동기에 의해 거룩한 삶이 선행되어야 했다. 그런 다음, 그 선행된 거룩한 태도·거룩한 동기·거룩한 삶을 담아서 드리는 예배가 참된 거룩한 예배였다. 거룩한 예배는 성소 안에서 시작되지 않았다. 성소 밖 일상생활 속에서부터 시작됐다. 거룩의 시작이 어디부터인가를 깨닫는 것이 매우 중요했다. 성소 안에서는 '제의적으로' 드리는 거룩한 예배였고, 성소 밖에서는 '삶으로' 드리는 거룩한 예배였는데, 거룩한 삶의 예배가 '먼저' 시작돼야 했다. 그러할 때 야훼가 수납하시는 진정한 의미의 거룩한 예배로 인정받았다. 성소 밖의 거룩한 삶과 성소 안의 거룩한 예배가 하나가 될 때, 야훼가 인정하는 참된 '거룩'이 이뤄졌다. 생각해보라. 양 몇 마리를 몰고 오기만 하면 자동적으로 '거룩한 양'으로 변했겠는가. 양은 그대로 양으로 있을 뿐이었다. 바치는 사람이 어떠한가에 의해 거룩인가 아닌가가 결정된 것이다. 그래서 모쉐는 거룩이라는 단어와 이와 관련된 것들을 150회 이상 사용했다. 아무리 반복해도 부족하다는 뜻이었다.

십일조 규례도 이 거룩의 원리에 의해 기록했다. 먼저 정의로운 경제 활동을 해야 함은 기본이었다. 성소 밖에서의 거룩한 삶, 이웃사랑을 '먼저' 요구했다. 그런 거룩한 삶, 이웃사랑이 담긴 십일조라야, 십일조를 바칠 때에 야훼가 거룩한 십일조로 인정했고, 받아줬다는 것이다. '먼저' 십일조 본질에 의한 삶을 살아야 했고, 그 삶을 담은 십일조를 바쳐야 했다는 것이다. 이웃과 동물을 학대하고 약자에 대해 착취를 일삼다가 십일조를 들고 온들, 비야훼벗들과 똑같이 살다가 돈 봉투를 들고 온들, 제의자 스스로는 바쳤다고 생각하겠지만, 야훼는 불인정했고, 받지 않았다. 십일조보다 더 중요한 요소였다. 이 중요한 요소가 없는 십일조는 십분의 십, 통째로 죄다 바친들 헛일이었다.

한국교회는 먼저 무엇으로 시작해야 하는 것이 참된 거룩한 예배인가를 왜 놓쳐버렸을까? 십일조헌금이라는 돈만 따라가다가 그렇게 되고 말았다. 돈만 있으면 얼마든 잘살 수 있는 세상이라서, 그렇게 살다가 돈만 들고 오면 야훼가 참된 거룩한 예배로 인정한다는 크나큰 오판을 했기 때문이다. 야훼도 돈이면 다 통할 수 있다는 듯, 돈으로 야훼를 예배하며 나아갈 수 있다는 듯, 야훼를 '돈의 야훼'로 바꿔치기한 결과였다. 그러기에 돈만 내면 모든 윤리적 요구의 완성자로, 믿음이 최고조에 이른 사람으로 인정받았다. 결국, 교회당 바깥에서 야훼 백성으로서의 책임 있는 윤리적 삶, 거룩한 삶을 살지 못하게 하는 주된 원인이었다. 십일조헌금이라는 돈이 훼방자였다. 그런 돈을 요구한 교회왕들은 주범이었다. 주범이 시키는 대로 따른 야훼벗들은 공범이었다. 훼방자 – 주범 – 공범이 하나가 됐으니 그 영향력이 어떠했겠는가. 안타깝게도 구약 전체에 흐르는 이 십일조 본질이 한국에서 왜곡되며, 날조되고 말았으니 이 신성 모독 행위를 어떻게 중단시켜야 하는가.

이는 십일조뿐만 아니라 모든 율법규례의 선행적 요구 조건이었다. 성소 밖에서의 거룩한 삶이, 성소 안에서의 거룩한 예배의 전제조건이었다. 세상 속에서 '흉내내는 거룩'이나 '오염된 거룩'이나 '잊혀진 거룩'이나 '나약한 거룩'으로 사는 것은 결코 거룩한 삶이 아니었다. 야훼의 거룩한 뜻이 무엇인지 정신 차려서 잘 알아야 했고, 그 뜻대로 살아야 했다. 그러할 때 야훼가 영광을 받으며, 진정한 예배, 거룩한 예배가 이루어지며, 거룩한 야훼를 만나는 거룩한 경험을 하게 되며, 야훼와 거룩한 관계성이 유지됐다.

그래서 레위기 규례는 삶의 모든 영역을 포함하고 있다. 언어생활부터 해서, 남의 물건에 대한 규례도 있다. 자신이 모르는 사이에 저지른 잘못까지 포함돼 있다. 피 한 방울조차 옷에 묻지 못하게 하는 규례도 포함됐다. 음식, 가구, 그릇, 옷 등 삶의 모든 영역이 거룩해야 했다. 심지어 가축에 대해서까지 거룩한 삶을 요구했다.

그런 까닭으로, 십일조를 바치기 전에 무엇이 요구됐는가는 어렵지 않게 알 수 있었다. 성소 밖에서는 온갖 불의하며 악독한 짓을 하고서 성소로 십일조를 들고 와도, 그 농산물은 시들고 썩어버린 것과 같고, 축산물은 죽은 시체처럼 되어 버린다는 무시무시한 경고가 주어진 것이다 – 돈도 마찬가지로 썩은 돈이 됐을 것이다.

교회왕들은 야훼벗들이 내는 십일조헌금이라는 돈이 어떤 돈인지, 어떻게 번 돈인지 생각이나 했을까. 아니, 십일조와 돈과는 그 어떤 관련성이 없다는 점을 한 번이라도 생각했을까. 설령, 십일조가 농축산물이 아닌, 서원 규례처럼 현금으로 드린다고 한 번 동의를 해준다고 하더라도, 십일조헌금자들이 교회 밖에서 정말 거룩한 삶을 살다가, 그렇게 살은 거룩한 삶을 담은 돈이라는 생각을 한 번이라도 했을까. 교회왕들이 교회당 안에서 야훼의 뜻을 어기기에, 야훼벗들도 세상 속에서 야훼의 뜻을 어기며 '내 마음대로 살자' 하면서 산다는 것을 알까. 알아도 십일조헌금 액수가 줄까 봐 침묵하는가.

　한편, 야훼는 거룩한 삶의 일환으로, "곡식을 다 수확하지 말라, 포도 열매를 다 따지 말라!(레 19:9-10)"라는 요구도 했다. 기본식량이 없는 가난한 자와 거류민들을 위해 남겨 두라는 거룩한 뜻이었다. 이 남기는 행위도 거룩한 일이며 야훼를 경외하는 일이었다.

　이는 쉬운 일이 아니었다. 특히 가뭄이나 흉년 때에, 혹은 경제적 시련기에는 더 어려운 일이었다. 게다가 인간 성향 자체가 한 송이라도 더 모으려는 악착성이 있어서다. 또한 어느 정도를 남겨 두어야 하는지도 관건이었다.

　교회왕들의 주장대로, 이 레위기 십일조 본문이 십일조헌금의 근거라면, 야훼의 이 말씀도 준수해야 했다. 야훼벗들은 월급을 다 받지 않고 얼마를 남겨야 한다. 누구처럼 빌딩 위에서 '남긴 돈'을 뿌리기라도 해야 한다. 혹은 필요한 사람은 가져가라고 '남긴 돈'을 대문 앞에다 놓아둬야 한다.

　흥미로운 점은, 이 규례에 의하면, 십일조가 소득 전체와 무관하다는 점이다. 다 수확하지 않고 남겨둔 분량이 각기 다르기에 일정하게 십일조가 얼마인지 정확히 산정할 수가 없었을 것이다. 남긴 수확물을 제외한 수확물에 대한 십일조를 정확히 측정한다는 것은 거의 불가능했다. 이는 무엇을 입증할까. 야훼조차 정확한 10%를 요구하지 않았다는 것을 다시금 입증한다. 그러기에 그 누구도 정확한 10%를 요구할 수 없다. 야훼는 성소 밖에서 저울을 속이는지 아닌지는 관심이 있었다. 하지만 십일조에 대해서는 정확한 10%인지 아닌지 그런 수치에 대해서는 관심이 전혀 없었다. 야훼는 오로지 불 꽃 같은 눈으로 예배자의 내면을 들여다볼 뿐이었다.

그런데도 교회왕들은 야훼도 요구하지 않은 것을 요구했다. 야훼 의 이름까지 팔아먹었다. 야훼가 요구했다며 야훼 이름까지 도용하 면서 요구했다. 야훼를 사기꾼처럼 만든 것이다. 그 모든 불법 책임 을 야훼에게 다 떠넘겼다. 그리고는 자기들은 돈만 챙겼다.

십일조보다 더 중요한 '거룩'!

레위기의 제의는 고대 근동 이방종교의 제의 문화와는 달랐다. 이 방종교는 내면과는 상관없이 외적인 표현에만 치중했다. 형식이 중 요했다. 형식이 거창할수록 신들을 기쁘게 할 수 있다고 믿었다. 레위기의 제의는 내면이 더 중요했다. 외적 표현자의 내적 모습이 더 중요했다. 야훼가 직접 가르쳤다.

그러기에 야훼에게 나아갈 때는 '십일조' 물품만으로 나아갈 수 없 었다. 그래서 모쉐가 야훼의 뜻, 십일조를 들고 참되게 야훼에게 나아오는 길에 대해 잘 안내했다. 예배 때의 겉모습만으로는 참된 거 룩성으로 인정받지 못한다고 기록했다. 야훼는 삶의 전체에, 크고 작 은 모든 영역은 물론, 예배자의 내면에까지 거룩을 요구했다고 기록 했다. 십일조보다 '거룩'이 더 중요하다는 점을 강조하는 관점에서 기록했다. 곧 세상 속에서 악의 충동과 유혹, 악의 생각까지 끊고 자 르는 거룩한 삶에서부터 거룩한 십일조가 시작됨을 알렸다. 어떤 점에서 성소 밖 세상은 거룩과 악 사이에 일어나는 전쟁터였다. 그저 평안히 살다가 성소 안으로 들어왔다는 것은 오히려 비거룩한 삶을 살았던 것을 입증했다. 어느 시대든 문화란 타락한 물질문화의 영향이 컸다. 그런 물질문화 속에서 같이 뒹굴다가 십일조만 들고서 야훼를 만나러 왔다고 하니, 야훼가 얼마나 한탄했겠는가. 야훼는 그런 자들에게 "마당만 밟는 자들아, 나를 지겹게 하며, 구역질나게 하며, 그런 속화된 예물을 보는 것에 지쳤다!" 라고 통탄했다. 야훼의 마음을 알아주길 원했다. 세상 속에서 억울한 자들을 괴롭히거나 외면하고는 태연히 성소에 얼굴을 내밀면 쳐다보지 않았다. 오히려 얼굴을 돌렸다. 십일조든 뭐든 도로 가져가라고 했다. 야훼를 존경하는 마음(거룩)으로 이웃을 섬기다가 십일조를 가져올 때 기쁜 마음으로 받았다. 삶의 모든 영역에서 야훼를 경외하며 사랑하는 마음(거룩)으로 살다가, 그 삶을 담은 예물이라야 받겠다고 수차례 알려줬다. 십일조 헌물을 들고 와서 절 한 번 하는 것이 거룩한 예배가 아니었다. 거룩은, 거룩으로만 만날 수 있었다. 야훼는 거룩한 상태라야 거룩의 통치권으로 다스려줄 수 있었고, 거룩한 관계성을 맺을 수 있게끔 해줬다. 십일조도 '거룩한 십일조' 를 들고 와야 거룩한 십일조가 될 수 있고, 그때에 거룩한 만남이 가능했다.

예배 봉사자들인 레위인과 제사장에게도 거룩성이 매우 중요했다. 야훼 백성들보다 더 엄격했다. 성소에서 제의 사역을 한다고 자동적으로 거룩한 사람이 되는 것이 아니었다. 마치 오늘날의 판사들이 죄

의 유무를 판단하는 일을 한다고 해서 자동적으로 거룩하고, 정의롭
고, 무죄자로 인정받는 게 아니라는 것과 같은 의미였다.

교회왕들도 예외가 아니었다. 그 누구보다 철저할 정도로, 준엄할
정도로 거룩한 내면이 요구됐다. 그런데도 오히려 진짜 '십일조 날
도둑'과 같은 짓을 해댔으니 야훼의 마음이 어떠했겠는가. 야훼가 보
기에는 '십일조를 위한 예배, 먹고 살기 위한 예배, 돈 버는 수단으
로서의 십일조 예배', 곧 예배라고 할 수 없는 배신 행위였다. 여기
에는 '돈과 십일조헌금'은 포함되어 있지만, '거룩'은 빠져 있었다.

대속물이 아닌 헌물로서의 십일조

레위기에는 다섯 가지 대속물 규례가 기록되어 있다 – 번제·소제
·화목제·속죄제·속건제. 대속이란 야훼 백성들이 야훼의 뜻을 어기
어 불결해졌을 때 거룩하게 될 수 있는 방도였고, 대속물이란 그 대
속을 위해 사용하는 제물이었다.

이는 야훼가 제정했다. 야훼가 야훼에게로 나아올 수 있는 길을 마
련하여 준 것이다. 거룩의 길(The Way of Holiness)이었다. 지속적
으로 거룩한 야훼 백성이 될 수 있었고, 지속적으로 야훼와 거룩한
관계성을 유지할 수 있는 길이었으며, 지속적으로 야훼의 다스림을
받는 길이었다.

그런데 십일조는 대속물이 아니었다. 십일조를 바친다고 해서 정
결하지 못한 것들이 정결해지는 것이 아니었다. 자신의 인격과 삶 전

체를 바친다는 헌신의 표징이었다. 대속에 대해 감사하는 응답행위
였다. 대속 은총을 시여하여 주셨으니 이제는 야훼를 위해 살겠다는
다짐, 모든 것을 주신 것에 대한 감사, 특히 미츠라임에서 구원하여
주신 은총을 잊지 않고 기억하겠다는 감사와 고백과 결행이 담긴 헌
물이었다. 야훼의 계획이 담긴 에덴 전승, '경배－복종－신뢰－의존'
으로 살겠다는 고백 행위였다.

그러므로 헌물은 먼저 대속이 담겨 있어야 했다. 대속의 은총을 입
은 자라야 십일조 헌물을 드릴 수 있었다. 곧 이미 거룩해진 상태에
의해 바쳐야 야훼가 수납했다. 뼈를 깎는 듯한 철저한 통회에 의한
지속적인 대속의 은총을 덧입어야 십일조 헌물을 드릴 수 있었다. 제
물과 헌물, 둘 다 제의적 행위라는 공통점이 있지만, 각기 그 기능은
달랐다. 둘 다 형식적으로 얼마든 제의 행위를 할 수 있었다. 하지만
십일조가 결코 인간의 내면을 정결하게 해주지 않았다. 십일조를 대
속물로 착각했기에 십일조 형식주의자가 생겨났다.

그런데도 십일조헌금을 내기만 하면 '만사통과'라고 하니, 야훼
가 보기에 얼마나 기가 막히겠는가. 이 레위기대로라면, 먼저 구원
의 확신이 있어야 했다. 십일조헌금으로 구원을 받는 것이 아니라,
먼저 구원받았다는 신앙 고백이 있어야 했다.

그런데도 아예 예배시간에 십일조헌금을 이스라엘의 5대 대속물
로 사용했다. 대속물과 헌물을 구별하지 못해서다. 그러니 범죄해도
뉘우치지 않고 십일조헌금으로 다 때웠다. 신앙 인격은 '바둑이 떡'

같은데도 통회하지 않고, 십일조헌금으로 자신의 심리 상태만 스스로 안심시켰다. 한 달 동안 비뚤어지고 모나고 흠투성이의 인격에 의한 실수와 과오를 자행하다가, 달마다 한 번 바치는 십일조헌금을 면죄부로 여겼다. 그러니 동일한 내면 상태, 동일한 신앙 인격, 동일한 언행이 지속될 수밖에 없었다. 사람이 달라질 수 없었다. 십일조헌금 바치는 것만 지속된 것이다. '십일조 고집불통'이 바뀔 수 없었다. 그러니 십일조헌금을 수십 년 동안, 수백 번 바쳤지만 사람이 달라지겠는가. 사람이 달라지지 않으니 한국사회가 달라지지 않는 것은 당연했다. 십일조헌금은 '만사편리'였다. 가장 편하게 살 수 있는 희귀한 도구였다. 게다가 교회왕들은 십일조헌금에서 '사례비' 명목으로 월급을 받았다. 사례비란, 감사의 뜻으로 주는 돈이었다. 야훼벗들이 야훼에게 드린 감사의 돈을 교회왕들이 가로챈 것이다. 그들은 '기본식량비'로 받아야 했었다.

십일조헌금을 낸다고 해서 구원과 천국을 보장해주는 것은 절대 아니다. 반대로, 십일조헌금을 내지 않는다고 해서 구원과 천국을 얻지 못한다는 것도 절대 아니다. 십일조헌금에서 자유로워야 한다. 그렇다고 한 푼도 내지 말고 은행통장에 쌓아두자는 것도 아니다. 야훼에게 진정으로 감사하는 마음이 있는 사람이라면 요구하지 않아도 스스로 자발적으로 행한다. 어떻게 헌신의 표현을 할 것인지를 알기에 얼마를 바치라고 말할 필요가 없다. 표현하지 않는다면, 정반대로 '십일조헌금 자유'를 악용하는 사람일 것이다. 강요해야만 복

종하는 노예의 근성이다. 야훼에 대해서도 한 푼이라도 아껴야 한다
는 철저한 인색주의자다. 여전히 그 마음에는 돈에서 자유롭지 못하
고 있음을 입증한다.

‘돈’으로 야훼에게 나아간다?

교회왕들이 저지른 날조된 십일조헌금 강요 행위에서 가장 두드
러진 문제점이 있었다. 바로 돈으로 야훼에게 나아갈 수 있다는 속
임수였다. 한국 야훼벗들도, 이 강요를 맹목적으로 따르면서 뭔가 이
득을 보려고 지금까지 크나큰 범죄 행위를 저질렀다. 교회왕들이 요
구했기에 순종했을 뿐이라고 변명할 수 없다. 공범 행위였다. 모쉐
는 분명히 ‘자신이 모르고서 지은 죄도 범죄 행위’라고 했다. 서로
‘돈 흥정’에 의해 무언의 밀약이 성립됐다는 책임을 면할 수 없다.

참으로 교회왕들은 대담한 범죄 행위를 저질렀다. 야훼가 돈으로
는 바치지 말라고 했으면 바치지 않아야 했다. 그런데도 야훼에게 나
아갈 때도 ‘십일조헌금’으로, 곧 ‘돈’으로 나아간다고 했으니 얼마
나 대담한가! 그래서 늘 어떻게 빈손으로 오느냐는 것이었다. 돈만
내면 된다는 것이었다. 돈만 들고 오면 만사통과·만사인정이었다. 거
룩한 사람이 되게 해주고, 거룩한 예배로 인정받게 해준다고 속였다.
구원과 천국도, 당연히 십일조헌금자의 것이 된다고 가르쳤다.

이는 교회 밖 세상의 원리와 너무나 흡사했다. 한국사회는 ‘돈만
있으면 만사형통이며, 돈으로 못할 일이 없다.’라는 돈 문화가 정착

된 지가 오래다. 그런 문화가 교회당 안에서도 형성된 것이다.

교회왕들에게는 이런 '돈'이 중심 주제였다. 이는 '돈이면 뭐든 가능하다.'라는 한국인들의 매우 나쁜 의식구조의 영향을 주고받은 결과였다. 그래서 야훼와의 거룩한 만남도 돈으로 가능하다는 '돈 교리'가 생겨났다. 그런 다음 심리적으로 안정감을 갖도록 다음 단계의 기술을 발휘했다. 곧 십일조헌금이 모든 윤리적 삶도 완벽하다는 증거니 뭐든 안심하라고 했다. 십일조헌금자의 생각과 마음이, 손과 발이, 눈과 귀가 거룩한지 아닌지는 상관이 없었다. 십일조헌금이라는 돈만 내면 되어서다. 그 돈까지도 거룩한 돈이어야 하는데도 말이다. 교회 밖에서 어떻게 살다가 오든, 그 돈을 어떻게 벌었든 아무런 상관이 없었다. 오로지 십일조헌금을 떼어먹지 않고 내는가 내지 않는가가 중요했다.

고대 근동 사람들도 신들에게 음식이나 제물을 바쳤다. 어떻게든 신들을 달래어 필요한 것들을 얻고자 함이었다. 기본적으로 먹고사는 문제, 질병이나 기아, 자연재해, 전쟁 승리 등 안정과 풍요를 위해서였다. 혹 재앙이 임하면 신들의 노여움으로 여겼다. 그래서 십일조도 바치고, 특별한 음식도 장만하여 바쳤다. 심지어 어린아이나 여자까지 바쳤다. 또다시 노여움에 의한 재앙을 받지 않기 위해서였다. 혹은 신들을 설득시키고자 바쳤다. 신들을 설득시켜서 필요한 뭔가를 구하기 위해서였다.

모쉐가 기록한 십일조는 다신론자들의 동기와는 달랐다. 무엇을 얻고자 함도 결코 아니었다. 야훼를 설득시키려는 것도 더더욱 아니었다. 그와 같다면 고대 근동 다신론자들과 같아지기 때문이었다. 그들과 구별되어야 함을 얼마나 강조했는가.

그런데 수천 년이 지난 한국 땅에서 교회왕들이 바로 고대 근동의 다신론 사상을 퍼뜨리기 시작했으니 정말 알다가도 모를 일이 아닌가. 십일조헌금을 내면 무병장수의 복이 임한다고 했다. 정말 무병장수할 수 있는가. 아무도 무병장수할 수 없다. 장로교회를 창설한 위대한 칼뱅조차 질병에 시달리다가 55세에 사망했다. 그가 십일조헌금을 바치지 않아서인가? 사람이 살다보면 질병에 걸리는 게 지극히 자연스러운 일이다. 손을 자주 씻지 않아도 질병에 걸리기 쉬운 게 사람이다. 또한 필요한 것을 구하려면 십일조헌금을 바치면 된다고 했다. "바치면 받는다!"라는 교회 공식까지 만들어냈다. 정말 그러한가. 십일조헌금을 바치고 필요한 것들을 구하니 다 주었던가? 교회왕들은 야훼가 다 준다고 하고서는 뒤로 물러나버렸다. 자신들이 한 말에 대해 책임지지 않고자 야훼에게 떠넘기려고 했기 때문이다. 보증 수표와 같은 설교를 했다가 아무런 결과가 없자 그 책임을 다 야훼에게 떠넘기는 것이다. 얼마나 편리하게 야훼의 이름을 이용하는지 모른다. 날마다 기아와 질병으로 사망하는 숫자가 헤아릴 수 없다. 아무도 십일조헌금을 제대로 바치지 않아서인가? 정확히 10% 계산하여 바치는 사람들이 얼마나 많은가? 그런데도 가정마다 고통은 여전하다. 야훼를 설득시키지 못한 결과인가? 결코 아니다. 야훼가 온 우주의 주인인데, 기껏 십일조헌금 몇 푼에 설득을 당하겠는가. 돈으로 야훼에게 나아가고, 돈을 내고 뭔가를 구하려고 했기에, 오히려 그런 '돈'에 의해 재앙이 임하여, 지금 한국사회는 '돈 사회'가 되고 말았다. 교회당도 '돈 교회당'이 된 것이다.

야훼에게 나아가는 것은 십일조헌금이라는 '돈'이 아니라 '거룩'으로 나아가야 만나 주신다는 것을 점점 잊어가고 있었다. 야훼는 돈을 가져오지 말라고 했다. 그런데도 왜 돈을 바치게 했을까. 누가 더 필요해서 그러했을까. 그나마 그 돈조차 '거룩한 돈'이 아니니, '거룩한 응답이 있는 돈', '거룩한 삶이 담긴 돈'이 아니니 교회당에서 어떻게 처리해야 하는가.

레위기 본문대로라면, 열 번째 지폐와 동전을 따로 모아야 하는 점도 있었다. 통째로 계산하는 것도 규례 위반이었다. 은행 계좌로 송금하는 것도 불법이었다. 고액 소득자는 열 번째 지폐를 가려내기 위해서 토요일 밤새도록 작업해도 시간이 모자랄 것이다.

야훼벗들은 이에수스 안에서 이미 거룩해졌다. 이에수스가 대신하여 대속 제물과 헌물이 되어 주셨는데도 십일조를 지켜야 하겠는가? 이에수스가 참된 십일조가 되어 주셨는데도? 야훼가 이에수스만 받으시고 십일조는 받지 않겠다고 선언하셨는데도?

1. 레위기 십일조의 원래의미는 무엇인가?

2. 모쉐가 레위기에서 기록한 대속 제물과 십일조 헌물의 차이는 무엇인가?

3. 레위기에 기록된 십일조의 본질과 특징은 무엇인가?

4. 오늘날 레위기 십일조 본문을 근거로 십일조 규례를 이행한다면 어떤 문제점을 일으키는가?

5. 야훼벗들은 이에수스 안에 있다. 이 사실이 레위기의 십일조 본문과 어떤 관계가 있는가?

6. 레위기 십일조 본문이 십일조헌금의 근거라고 주장하는 이들에게 어떻게 진실을 설명해주어야 하는가?

수직·수평 언약관계 유지 십일조

현금이 아닌 먹거리 기본식량

아브람이 말키체데크 왕에게 준 십일조는 전리품이었다고 했다. 반면, 레위기에 요구된 십일조는 농축산물이었다고 했다.

민수기·신명기의 십일조도 레위기의 십일조처럼 농축산물이었다. 현금이 아니었다. 그런데 민수기·신명기에는 왜 농축산물이어야 하는지를 더 명확하게 밝히고 있다. 야훼의 수직·수평 언약관계성 유지 통치권(샬롬)에 의해, 기본식량이 없는 계층과 먹을 수 있는 식용품을 나눠야 했기에 농축산물 중 먹거리가 십일조 품명이었다.

야훼의 샬롬(평화)은, 샬롬의 삶을 실현할 때 샬롬의 통치가 이루어지는 샬롬의 법칙이 있었다. 그래서 샬롬공동체 안에 기본식량조차 없는 계층과 나누는 것이 샬롬의 삶이었다. 그러할 때 야훼가 샬롬의 통치권으로 다스렸다. 그러할 때 샬롬이 이뤄지고 샬롬을 경험했다. 단순히 먹이거나 구제 사업을 하는 차원이 아니었다.

교회왕들은 가장 귀한 것이 '십일조헌금' (현금)이라고 했다. 그래서 한국사회가 돈을 최고로 여기는 것과 다르지 않다는 소리를 듣고 있다. 하지만 당시 농축산물 십일조는 가장 귀한 것이 아니었다. 야훼는 그 당시 가장 귀한 것들로 십일조를 바치라고 하지 않았다. 그 당시 가장 귀한 것은 귀금속이었을 것이다. 에덴 대공원 비손 강가 하윌라 지역의 금이야말로, 금들 중의 금이었다. 야훼는 이런

금을 잘 알았다. 왜냐하면 직접 창조했기 때문이다. 그렇지만 야훼는 금은 물론이고, 현금조차 요구하지 않았다. 오히려 현금을 현물로 바꿔서 바치라고 했다. 현금은 절대 받지 않겠다는 뜻이었다. 현금을 받지 않는 신이 이 세상에 있는가? 교회왕들은 귀금속을 포함해서 가장 귀한 현금을 요구했지만, 야훼는 가장 평범한 기본식량을 요구했다.

그 당시 가장 귀한 것을 요구한 것은 잡신들이었다. 야훼는 잡신이 아니라서 그런 것을 요구하지 않았다. 잡신을 닮은 것은 교회왕들이었다. 게다가 민수기·신명기의 십일조 원리에 의하면 레위인과 제사장은 기본 생계비만 받아야 했다. 그 이상은 '공금 횡령'이었다.

한국교회 초기에는 정말 순수했다. 시래기만 받아도 감사하며 살았다. 그것도 나눠 먹었다. 그러다가 현금이 쌓이기 시작하자 '교회왕'으로 변해갔다. 돈이 쌓이면 권력도 같이 쌓인다는 역사의 교훈처럼, 돈과 권력이 동전의 양면처럼 달라붙기 시작했다. 기독교의 타락 원인이 돈과 권력이었는데, 그 길로 들어선 것이다. 돈과 권력이 쌓이자 '사' 자 붙은 직업인 행세를 하기 시작했다. 게다가 CEO까지 추가됐다. 월급도, 양복도, 자동차도, 회식도 CEO급으로 변해갔다.

결국 교회왕들은 야훼의 뜻을 고의적으로 어긴 것이다. 어기기만 한 것이 아니었다. 야훼가 가장 귀한 것, 돈을 요구했다며 날조까지 했다. 야훼 이름까지 팔아가면서 날조한 것이다. 야훼 이름으로 요구해야 야훼벗들이 이의를 제기할 수 없어서다.

만일 오늘날 민수기·신명기를 근거로 십일조를 이행하려고 한다면, 현금이 아닌 기본식량이 될 수 있는 식용품이어야 한다.

다만 현금 사용에 대한 한 가지 예외조항은 있었다. 먼 거리에 사는 야훼 백성들이 성소로 올 때는 먹거리 현물 대신 현금을 지참했다. 그 많은 농축산물 십일조를 다 가져올 수가 없어서다. 그 현금으로 성소 밖에서 농축산물을 구매하여 야훼에게 바치도록 했다. 그 구매 분량은 실제 십일조보다 적었을 것이다. 어떻게 정확한 10% 분량의 농축산물을 다 구매할 수 있었겠는가. 레위인들과 제사장들이 그 많은 사람들의 분량을 어떻게 다 마련할 수 있었겠는가. 상징적·대표적 의미가 담긴 기본식량 십일조였을 것이다. 수치 10%가 아니었다. 1%라도 그 양은 대단했을 것이다. 어쩌면 밀가루 몇 포대, 배추 몇 포기라도 모든 예배자들에게 공급하기란 쉽지 않았을 것이다. 그렇더라도 현금으로 십일조를 바칠 수 없었다. 야훼는 수천 년 후 인간들이 어떤 짓을 할 것인지를 다 안다는 듯, 현금 바치는 행위를 철저하게 금했다.

민수기·신명기의 십일조 본질

기본식량 십일조라고 하여 단순히 먹고 마시는 식품만을 뜻하지 않았다. 더구나 단순히 구제 사업과 같은 것도 아니었다. 그런 구제 사업은 야훼 백성이 아니라도 잘할 수 있다. 오늘날 교회당 밖에서 얼마나 자선과 구제를 잘하는가. 야훼가 요구한 기본식량 십일조규례는 심오한 뜻, '수직·수평 언약관계성 유지(샬롬)의 먹거리'였다.

고대 근동에서는 '먹거리'가 상징적인 의미로 사용되는 예가 많았다. 오늘날과는 달리, 그 당시에는 상징 수단들이 그리 많지 않아서다 – 이에수스 시대에도 '식탁'은 야훼나라에 관한 상징적인 그림 언어 도구였다. 특히 성스러운 에덴 대공원에서 아담과 하와의 삶도 야훼의 임재 안에서 '음식'이 신성한 상징 의미가 있었다. 인간은 창조 때부터 음식과 더불어 살아야 했다. 야훼의 창조 법칙이었다. 지금도 음식은 야훼의 창조 법칙에 의해 단순히 먹거리 수준을 넘어서, 인간 생활에 매우 중요한 의미가 있다. 한국 야훼벗들은 건강관리를 위해서 지혜롭게 먹고 있는 편이다. 하지만 이 음식 신학에 대해서는 모르는 채 그저 먹고만 있지는 않을까.

야훼 백성들의 음식은 단순한 먹거리 정도의 의미가 아니었다. 야훼와 관련된 음식이었다. 잔칫집에 가서 잘 먹어주는 것이 일종의 교제가 되듯, 창조주 야훼에 대한 예의며 응답 행위였다. 교제행위였다. 지속적으로 언약관계를 견지할 수 있는 한 가지 수단이었다.

레위기 십일조의 경우, 성소 안에서 십일조를 바치기 전에 먼저 성소 밖에서 거룩한 삶이 요구됐다. 이를 레위기의 '먼저 요구된 거룩한 십일조'라고 했다.

민수기·신명기에서는, 레위기의 이 성소 밖 거룩한 삶에 대해 보다 더 '구체적으로' 어떻게 거룩한 삶을 살 것인가에 초점을 두고 있다. 그 거룩한 삶의 한 가지 방식이 바로 기본식량 십일조 나눔이었다. 그래서 기본식량이 없는 계층과 나누라고 야훼가 특별히 명령했던 것이다. 이 나눔이 바로 레위기에 기록된 '먼저 거룩한 삶'이었다.

기본식량이 없는 계층은 누구였는가? 경작지가 없는 레위인과 제사장, 고아, 과부, 거류민들이었다. 또한 기록되지 않았지만, 중병이나 다른 사정으로 자급자족 생산 활동을 하지 못하는 사회적 약자들도 포함됐을 것이다. 그들에게 농축산 수확물 중 열의 하나 분량으로 나누어 주는 것이 성소 밖의 거룩한 삶이었다. 그와 같은 거룩한 삶을 야훼에 대한 거룩한 행위로 인정해준 것이다.

이는 야훼가 계획한 수직·수평 언약관계성 유지(샬롬)가 가능하게 하는 통치 실현이었다. 야훼의 샬롬이란, 단순히 전쟁만이 없는 정치적·군사적 평화만을 말하지 않는다. 온 우주 영역 전체에 흠이 없고, 불결함이 없으며, 악과 고통이 없으며, 결핍이 없는 온전한 구원, 우주적 구원이 샬롬이었다. 그러기에 야훼 백성 공동체에 먹거리가 없다면 샬롬공동체가 될 수 없었다. 그 어떤 계층의 사람이라도 기본식량이 있어야 했다.

이 야훼의 샬롬은 야훼 단독만으로 이루어지지 않았다. 야훼 백성들의 샬롬에 대한 응답이 있어야 야훼의 샬롬 통치권이 행사되어 온전한 통전적·우주적 샬롬이 임했고, 그 안에 있을 때 거룩한 샬롬이라는 한 가지 샬롬의 기능이 제 역할을 할 수 있었다. 곧 레위기의 '거룩한 삶'이, 민수기·신명기에서는 '거룩한 샬롬의 삶'으로 구체화 한 것이다.

모쉐는 이 거룩한 샬롬의 삶에 대해 언약관계로 기록했다. 모쉐에 의하면, 야훼가 먼저 야훼 백성들을 자신과 수직적인 언약관계 안에 들어오게 했고, 계속 유지하도록 했다. 십일조를 바치는 것은 이 언약관계 안에 있음을 확인하고 고백하는 행위였다. 또한 이 수직적 언약관계를 유지하고 있다면, 수평적으로 공동체와 그 개별체에 대해, 나아가 자연환경과 온 우주에 대해서도 언약관계를 유지하게끔 했다. 기본식량 십일조 나눔이 바로 이 수직·수평 언약관계성을 유지하고 있다는 것을 표현하는 행위며, 온전한 언약관계를 유지하는 한 방도였다. 이 수직·수평 언약관계성 유지는 야훼가 주도하는 단독적인 근원적 주권행위에 의한 '선물'이며, 동시에 야훼 백성의 거룩한 태도와 거룩한 응답이 있을 때 이에 대해 행사되는 야훼의 주권행위에 의한 '선물' 등 두 측면의 선물로 이뤄졌다. 기본식량 십일조로 나누는 삶이 바로 거룩한 응답이었다. 자꾸만 근원적 주권행위에 의한 선물에만 관심이 있고 매달리기까지 하면서, 수평적인 언약관계성을 유지하기 위한 삶이 없다면 이 관계성은 깨어졌다. 그런데도 야훼 백성들이 세상 속에서 책임 있는 행동, 수평적인 언약관계성 유지의 삶을 너무나 쉽게 버렸다. 어느 시대나 항상 야훼의 두통거리였다 – 한국교회와 한국사회도 이 수직·수평 언약관계성 유지(샬롬)와 먼 거리에 있어서 야훼벗들이 늘 고난과 고통 속에서 살고 있다.

이 수직·수평 언약관계성 유지는 야훼사랑과 이웃사랑으로 요약됐다. 이미 덧입은 야훼의 사랑으로, 야훼와의 언약을 충실히 지키는 것이 야훼에 대한 사랑의 행위며, 그런 사랑이 있다면 이웃을 사랑하게 되며, 구체적으로 기본식량 십일조를 나눴다. 그러할 때 언약관계성 안에 계속 머물 수가 있었다. 야훼의 거룩한 사랑을 지속적으로 덧입을 수 있었고, 거룩한 사랑의 통치권 안에 지속적으로 머물 수 있었다.

특히 십일조 이행은, 야훼 은총에 대한 감사, 미츠라임에서의 구출에 대한 회상의 표현이며, 땅, 수확물, 비와 햇빛 등 모든 것에 대한 내적 감사와 회상을 담아 야훼에게 표현하는 행위였다. 감사와 회상이 바로 야훼에 대한 거룩과 사랑의 내적 태도였다. 동시에 그 내적 태도가 이웃을 향해 표현해야 했고, 그것이 바로 기본식량 십일조 나눔이었다. 그러할 때 수직·수평 언약관계성이 늘 유지될 수 있었다.

야훼는 인간들에게 '은총 망각증'이라는 치명적인 질병이 있다는 것을 잘 알고 있었다. 그래서 철저하게 기억 훈련과 회상 훈련을 시켰다 – 이 훈련은 평생 요구받기에 야훼 백성은 평생 훈련생이다. 미츠라임에서 구출된 은총, 광야에서의 돌보심, 언약 은총, 가나안으로 인도받은 은총, 풍요로운 수확, 자유의 삶, 생명의 근원, 땅, 모든 것이 다 야훼의 선물이라는 것을 기억하라, 회상하라, 잊지 말라는 의도로 십일조를 요구했다. 야훼와 맺은 언약에 대한 충실성의 한

가지 표현 방식이었다. 수직적으로, 야훼에 대한 이 모든 감사의 태도가, 수평적으로, 이웃과 전 우주 영역에 대해 표현하되, 먹거리 십일조 나눔이 한 가지 표현 방식이었다. 이처럼 민수기·신명기의 기본식량 십일조는 뜻 깊은 본질을 내포하고 있었다.

이 십일조 규례에 대해 유의해야 하는 또 다른 점이 있었다. 야훼에게 바칠 때나, 기본식량 십일조로 나눌 때에, 야훼 백성은 그 어떤 대가를 바라지 않아야 했고, 흥정을 하지 않아야 했다. 십일조가 노다지를 쏟아지게 하는 마법의 십일조가 아니기 때문이었다. 그러므로 야훼를 마법의 신으로 만들지 않아야 했다. 바칠 뿐이며 나눌 뿐이었다. 십일조를 이행했지만, 질병에 걸릴 수도 있고 장수하지 못할 수도 있었다. 우환에 직면할 수도 있었다. 이스라엘 역사를 보라. 십일조 규례를 전심전력으로 진실하게 잘 지킨 이들이 분명히 있었다. 그런데도 늘 주변국가의 침략을 받았다. 전염병으로 수많은 사람이 죽기도 했다. 나라가 둘로 분열되기도 했다. 나중에는 비참한 바빌론 포로 생활을 그것도 70년이나 해야 했다.

오늘날에는 이에수스가 이 기본식량 십일조를 대신한 '영원한 양식'이다. 이에수스 안에서 야훼와 교제하며 영원한 수직·수평 언약 관계를 유지한다. 야훼가 이에수스에 의해 영원히 함께하기 때문이다. 그러기에 수직·수평 언약관계를 유지하기 위해 십일조헌금이라는 돈으로 바쳐야 하겠는가? 그것들로 영원한 수직·수평 언약관계성을 유지할 수 있겠는가?

7년 단위의 십일조

레위기처럼, 민수기·신명기에 의하면 십일조는 7년 단위로 이행됐다. 7년 단위로 이행하되 6년 동안만 이행했고 7년째는 중단했다. 7년째 안식년에는 농사를 짓지 않아서 수확물이 없어서였다.

그렇다면 십일조헌금도 7년마다 중단해야 했다. 중단하지 않는 행위야말로 야훼의 뜻을 거역하는 행위였다. 수직·수평 언약관계성(샬롬)을 깨뜨리는 행위였다.

십일조가 없는 안식년

7년마다 지킨 안식년에는 십일조를 이행하지 않았다는 것은 흥미롭다. 야훼 백성들은 안식년마다 일을 하지 않았을 뿐만 아니라, 땅도 휴식이 필요하다며 농사를 짓지 않았다. 샬롬의 안식이었다. 야훼는 사람만이 아니라 농토까지 쉼의 시간을 주게끔 했다 – 이는 경제학적 혹은 토양학적 이유는 아니었으며 신학적 이유였다.

교회왕들의 주장대로 십일조를 지켜야 한다면, 먼저 7년마다 모든 야훼벗들은 장기휴가를 내든, 그 어떤 방식으로든 1년간 일을 하지 말아야 한다. 이게 가능한 일인가. 자칫 해고당할 수 있다. 직업 군인들은 군 형법에 의해 무단이탈로 처벌받을 것이다. 직장인들은 특별한 이유 없는 무단결근 행위로 징계나 해고의 사유가 될 것이다. 또한 1년간의 휴가를 가지면서 동시에 십일조헌금도 중단해야 한다. 하지만 한국교회 그 어느 곳에도 이와 같은 방식으로 지키지 않았다.

130년, 긴긴 세월 동안에 단 한 차례도 지키지 않았다.

교회왕들은 오히려 7년째를 안식년이라며 1년간 푹 쉬었다. 해외여행도 했다. 당연히 월급도 받았다. 그러니까 7년째 안식년을 1년간 유급휴가로 지켰다. 반면, 야훼벗들은 안식년이 없었다. 동일한 '만인 제사장'인데도 말이다. 교회왕들은 안식년이라는 구실로 1년이라는 신나는 휴가를 보내는 반면, 야훼벗들은 안식년에 쉬기는커녕 중단돼야 하는 십일조헌금까지 바쳐야 했다. 이는 수직·수평 언약관계성을 유지하지 못하게 하는 행위였다. 교회왕들은 야훼벗들의 십일조헌금에서 휴가비까지 받아서 안식년을 마음껏 즐겼다. 폐지된 '토요일 안식일 제도'를 지키는 단체를 사이비라고 하면서, 폐지된 안식년은 지켜야 한다며 '1년 휴가제'를 만들어 인천국제공항으로 나갔다. 그렇다면 '안식년 사이비'가 아닌가. 폐지된 십일조까지 바치게 했으니 사이비 중의 사이비였을 것이다. 사이비는 늘 사회적 물의를 일으킨다. 그러니 휴가철이 되면 수많은 인파들이 교회왕들의 뒤를 쫓아 해외로 휴가를 간다며 인천국제공항으로 몰려갔다. 가볼 데가 많은, 아직 다 가보지도 않은 아름다운 국내 관광지를 뒤로 하고서 말이다.

교회왕이든 그 누구든 안식년을 지키려고 한다면, 야훼벗들의 부채를 다 탕감해주고서 1년 휴가를 가져야 했다. 안식년 규례에 부채 탕감 조항이 있어서다. 특별사면조항까지 있기에 이 사면도 해주고서 떠나야 했다. 이런 규례를 지키지 않고서 떠나버리니, 중단해야 하는 안식년 십일조헌금을 내게끔 하니, 결국 야훼벗들은 부채가 줄어들 수가 없었다. 살기가 점점 더 힘들어진 것이다. 수직·수평 언약관계성이 깨어졌기 때문이다. 사실은 안식년에 더 중요한 일이 있었다. 노예 해방이었다. 그래서 안식년에는 십일조 노예 같은 노예들을 해방시키는 일도 매우 중요했다. 그런데도 오히려 십일조 노예살이를 요구했다는 것은, 여전히 끝이 없는 고통이다.

쉼은 필요하다. 쉼도 일이다(Resting is Working). 인간이란, 원래 연약하며 한계가 있기에 쉼을 통해서 재충전의 에너지를 얻어야 한다. 그래서 밤에는 수면을 취해야 하지 않는가. 한때 한국 정보기관에서 이 인간의 약점을 알고서 잠을 못 자게 하는 고문을 가한 일도 있었다. 오늘날 야훼벗이든 비야훼벗이든 모두 다 쉼의 자유권이 있다. 반드시 폐기된 7년째를 안식년으로 가질 필요는 없다. 개인 사정과 공동체 사정에 따라 언제든 '안식년'을 가질 수 있는 자유가 있다 – 이 자유가 남용되어서는 아니 되지만.

교회왕들이 7년째 십일조헌금 중단에 대해서는 왜 침묵했을까. 돈이 들어오는 일이라서 그랬을까.

야훼벗들도 만인제사장 종교개혁정신에 의해 안식년을 가질 수 있었다. 교회왕들과 몇몇 사람들만의 특권이 아니었다. 그런데도 하다 못해 일주일에 한 번 쉬는 '안식일'도 불공평했다. 교회왕들은 일요일이 주일이라서 너무 바빠서 월요일에 쉬었다. 야훼벗들은 일요일에 좀 쉬어야 하는데 새벽부터 저녁 늦게까지 교회당에서 여러 가지 일들로 평일보다 더 바빴다. 쉼이 없는 피곤한 상태에서 월요일 아침, 일터로 향했다. 이는 만인 제사장이라는 종교개혁정신을 위배한 것이다. 왜냐하면 다 동일한 제사장 신분을 가진 그 평등성을 깨뜨렸기 때문이다. 또한 만인 제사장 개혁정신에 의해, 교회왕만 십일조헌금을 받을 수 없다. 모든 야훼벗들도 제사장이기에 공평하게 다 나눠야 했다. 교회당 밖 기본식량이 없는 모든 사람들과도 나눠야 했다.

7년마다 중지된 십일조인데도 7년째에도 십일조헌금을 받아 삼켰으니 누가 진짜 십일조 날도둑일까. 누가 수직·수평 언약관계성을 깨뜨리게 한 주범일까.

안식일에는 십일조를 바치지 않았다

원래 기본식량 십일조는 안식일에 바치지 않았다. 안식일에 바치는 예물은 따로 정해져 있었다. 십일조는 추수가 끝난 후였다. 농산물 십일조를 바치려면 추수가 끝나야 가능했다. 교회왕들은 안식일 본질이 내포된 주일에 십일조헌금을 요구했다. 이 사실도 십일조규례와 안식일 규례까지도 위반했음을 입증했다.

십이조·십삼조의 십일조

엄밀히 말해서 민수기·신명기 기본식량 십일조는 열의 하나 분량만이 아니었다. 7년을 단위로 해서 7년째를 제외한 6년 동안, 열의 둘, 혹은 열의 셋 분량으로 지켜야 했다.

첫째, 7년 단위로 했을 때 첫해 수확 후, 기본적으로 레위인과 제사장에게 주는 기본식량 십일조가 있었다. 수직·수평 언약관계성 유지(샬롬) 실천의 첫 번째 십일조였다. 야훼 백성들은 이 첫 번째 십일조를 제사장에게 직접 주지 않았다. 레위인들에게 줬다.

오늘날 개신교는 만인 제사장 원리를 따르고 있다. 그렇다면 교회당에 레위인도 제사장도 없기에, 그 누구도 십일조헌금을 받을 수 없다. 레위인도 제사장도 아닌 야훼벗들이 십일조헌금을 내야 할 이유도 없다. 교회왕들은 평일에는 만인 제사장 원리를 따르다가 주일만 되면 갑자기 레위인 겸 제사장 행세를 했다. 십일조헌금이라는 돈을 받기 위해서였다. 그 돈에서 월급을 받아서다. 그렇다면, 주일에 주차안내봉사, 식당봉사 등 여러 봉사하는 이들에게도 십일조헌금을 나눠야 한다는 주장도 제기할 수 있었다. 야훼가 십일조헌금을 받지 말라고 했는데도 받으니 교회왕으로 자동 등극한 것뿐이었다.

교회왕들이 제사장 행세를 하면서 십일조헌금을 받았으니 진짜 제사장 노릇을 해야 했다. 피부과 의사처럼 피부병 진단을 비롯하여 우림과 둠밈으로 야훼의 뜻을 묻는 일도 해야 하고, 야훼 백성 사이의 소송 판결도 해야 하며, 판결에 불복하는 자에 대한 사형집행도 해야 했다. 도살업자와 같은 일도 해야 했다. 무엇보다 노동부 고시 최저생계비만 받아야 했다. 보너스를 비롯하여 여러 가지 크고 작은 명목의 비용을 받는 행위는 불법공금횡령이었다. 이는 회사 사장 노릇

을 하는 행위며, 그러니 교회당을 자기 소유의 주식회사로 여긴 것
이다. 그런 겁 없는 사고방식에 의해 아들에게 교회당을 통째로 물
려주는 짓을 하고 있다. 이 세습제에 대해 신랄한 항의가 있자, 몇몇
얍삽한 교회왕들은 위장 세습제로 한 살림 차려서 내보내고 있다. 한
편, 십일조헌금 장부는 없애야 했다. 레위인들은 십일조 장부를 작
성하지 않아서다. 거의 불가능했을 것이다. 야훼도 명부 작성을 하
라고 하지 않았다. 누가 더 많이 내고 적게 냈는지 확인하라는 명령
도 없었다. 십일조헌금 장부를 왜 만들었을까.

둘째, 수직·수평 언약관계성 유지(샬롬) 실천에 의해, 또 다른 두
번째 십일조가 요구됐다. 매년 야훼 백성들은 가족 전체가 성소에 와
서 야훼에게 예배를 드릴 때가 있었다. 예배 후에는 가족 단위로 음
식을 나눴다. 종들까지 포함된 샬롬의 식탁공동체, 수직·수평 언약
관계성 유지의 식탁공동체였다. 이 음식은 '야훼 앞에서 나누는 십
일조 음식'이었다. '야훼 앞!' 야훼도 그 식탁공동체에 함께하고 있
다는 뜻이었다. 신명기만의 특징이었다. 이는 먹는 데에만 의미가 있
지 않았다. 사람들이 흔히 가족끼리 모여서 아무런 대화도 없이 먹
기만 하고 헤어지는 그런 식탁공동체가 아니었다. 야훼 앞에서의 의
미는 야훼의 임재, 현존 등 야훼의 다스림 안에 있음을 인식하고 음
식으로 교제를 나누는 언약공동체, 샬롬공동체, 거룩한 공동체, 사
랑의 공동체 등 수직·수평 언약관계성을 유지하고 있는 공동체임을
재확인하는 시간이었다 – 야훼와 하나가 된 거룩한 사랑의 식탁공

동체!

이는 에덴 전승을 이어받은 나눔이었다. 타락 전 에덴 대공원에서 이뤄졌던, 수직·수평의 밀접한 관계성 회복이었다. 야훼가 구상했던 그림인데 실패작이 되자, 아브람을 선택하여 다시 창조 상태로 회복하려는 계획의 성취였다. 성스러웠던 에덴 대공원, 야훼의 임재와 통치 아래서, 아담과 하와가 풍성한 먹거리를 먹으면서 수직적으로는 야훼를 경배, 의존, 감사, 신뢰, 순종하며 살던, 수평적으로는 아담과 하와가 서로 사랑과 존중의 삶을 살던, 자연환경과도 친근한 관계성으로 살던 그 에덴에서의 삶이었다. 야훼 백성들이 그저 먹고 마시는 잔치가 아니었다. 거룩한 잔치, 사랑의 잔치, 샬롬의 잔치, 수직·수평 언약관계성을 유지하고 있음을 재확인하는 잔치였다. 모든 것을 주신 야훼에 대한 감사를 나누며, 자녀들을 비롯한 식솔들에게 야훼 은총을 잊지 않도록, 맺은 언약도 잊지 않고 충성과 복종하도록 가르치면서 그 결심을 음식 나눔으로 표현하는 잔치였다. 미츠라임에서의 구출에 대한 회상적 감사도 당연히 포함돼 있었다. 회상과 다짐의 밥상공동체였다. 또한 야훼 앞에서 음식을 나누며 먹는다는 것은, 야훼의 소유권, 주권, 주되심을 인정하는 고백이었다. 야훼 백성들은 음식을 나눌 때 항상 이런 고백이 있어야 했다.

이는 고대 근동 조약문화를 차용한 듯하다. 당시에는 음식으로 조약을 맺는 문화가 있었다. 주로 동물을 사용했다. 조약을 맺은 후, 동물을 두 조각으로 나누어 신들에게 맹세한다는 의미로 태웠고, 나머지는 음식으로 먹으면서 상호언약 준수 맹세의식을 가졌다. 음식 나눔이 보증 행위였다. 결코 배신하지 않을 것이라며, 조약 내용을 기억하며 이행 의지를 표현하는 의식이었다.

이방종교도 신전에서 먹는 행위가 있었다. 그들도 십일조를 바쳤고, 나눴다. 하지만 야훼 앞에서 먹는 것과 같은 거룩한 행위는 없었다. 만약 야훼 백성이 거룩한 사랑의 회상과 다짐의 동기 없이 먹기만 한다면, 수직·수평 언약관계성을 유지하는 나눔이 아니라면 이방종교에 지나지 않을 것이다. 그러나 야훼 백성은 이방종교와는 달리, 레위인과 종들까지 포함하여 함께 음식을 나눴다. 야훼의 수직·수평 언약관계성을 유지하게 하는 다스림 안에 있는, 신분에 의한 차별이 없는 평등한 밥상공동체였다. 이방종교도 신전에서 음식을 먹었지만 야훼 백성들의 음식 나눔과는 같지 않았다.

셋째, 수직·수평 언약관계성 유지(샬롬) 실천에 의해 세 번째 십일조도 지켜야 했다. 7년 단위로 해서 세 번째 해와 여섯 번째 해에는 별도의 십일조로, 기본식량이 없는 레위인·고아·과부·거류민들과 나눠야 했다. 어떤 이는 레위인이 포함됐다는 이유로 두 번째 십일조로 이 계층과 나누었을지도 모른다고 주장한다. 그래서 연간 사용한 총 분량은 십이조, 20%였다고 한다. 하지만 야훼가 사회적 소수 약자들에 대해 특별한 관심을 가지고 특별한 보호를 하려고 한 점을 고려하면, 별도의 십일조였을 것이다. 무엇보다 이 실행도 단순히 구제 차원이 아니었다. 수직·수평 언약관계성을 유지하는 삶이었다. 곧 거룩한 사랑의 삶의 차원이었다. 야훼를 경외하는 마음 그대로 그들의 생명을 존중하며 나눴고, 야훼를 사랑하는 마음 그대로 그들을 사랑하며 나눴고, 야훼와 거룩한 교제를 나누는 그대로 그들과 거룩한 교제를 나누며 십일조를 나눴다. 그러할 때 야훼의 크신 은총이 임하여 수직·수평 언약관계성 안에 늘 머물 수 있었다.

요약하면, 7년 단위로 해서, 첫 번째·두 번째 해는 십이조, 세 번째 해는 십삼조, 다시 네 번째·다섯 번째 해에도 십이조, 여섯 번째 해에도 십삼조를 바쳐야 했고, 일곱 번째 해는 십일조가 없었다.

표기는 10%, 20%, 30%라고 했지만, 실제 정확한 수치는 아니었다. 각 개인마다 다양한 수확물, 다양한 자유의지 행사, 다양한 눈짐작 등, 아마 1−2%라도 열의 하나라고 하면 통용됐을 것이다.

오늘날 십일조를 지킨다고 하면서 민수기·신명기의 십일조 원리대로 지켰는가? 지키지 않았다. 그저 십일조헌금만 내게끔 하고자 여기저기 '십일조'라는 단어만 있으면 근거라고 제시했던 것이다. 십일조헌금 10%가 민수기·신명기의 십일조라고 한다면, 20%와 30%까지 바쳐야 했다. 그런데 왜 10%만을 받았을까. 크게 깎아주는 큰 선심을 베풀었는가. 이 세상에 30% 세금을 10%로 깎아주는 데가 어디 있느냐, 그래서 교회당이 은혜로운 곳이라고 세뇌를 시키려고 했는가. 그렇다면 또 다른 야훼 명령 위반이다. 마음대로 깎아주었으니까 말이다.

민수기·신명기 십일조 본문에서도 구약 시대의 십일조가 정확한 수치 10%가 아니라는 그 이유를 파악할 수 있는 근거들이 있다.

첫째, 정확한 10% 측정부터가 불가능했다. 그 많은 곡식, 과일, 채소들을 어떻게 정확히 측정할 수 있었겠는가. 개인의 자유의지에 의해서 그 분량을 결정했을 것이다. 따라서 10%보다 더 많거나 더 적거나 했을 것이다. 아마 적은 경우가 더 많았을 것이다. 그렇다고 야훼는 물론, 그 누구도 정확한 10%인가 아닌가에 대해 관심이 없었다. 요즘 세금 도둑들 때문에 감시망이 얼마나 철저한지 모른다. 하지만 당시에는 그 어떤 확인 검열관조차 없었다. 만일 정확한 10%였다면 반드시 검열관이나 측정관이 있었을 것이다.

둘째, 설령 10%를 측정했더라도 운반하는 것이 불가능했다. 그래서 예배자들은 운반할 수 있을 만큼의 분량만을 가져올 수밖에 없었다. 당시의 교통수단을 생각해보라. 1%라도 쉽지 않았다.

셋째, 중앙 성소로 가져와도 저장할 곳이 충분하지 않았기에 예배자들은 이 저장 문제도 고려하여 적당한 분량을 가져와야 했을 것이다. 지방 곳곳에 십일조 창고가 있었지만, 그 창고라도 다 수용할 수 없었을 것이다.

넷째, 추수 후 가져온 농축산물을 장기간 쌓아두었다가는 썩을 수도 있었기에 정확한 10% 분량대로 가져오지 않았을 것이다. 대형 냉장고나 대형 냉장창고도 없었기 때문이다.

다섯째, 두 번째 십일조, 가족 잔치용 먹거리 십일조의 경우, 먹을 만큼만 가져왔을 것이다. 정확한 10% 분량을 어떻게 다 먹을 수 있었겠는가.

십일조라는 말을 들을 때, 정확한 10% 수치를 생각하는 것은 현대 세법에 의한 발상이었다. 한국의 옛 문화에도 유사한 경우가 있었다. 십시일반과 같은 공동체문화였다. 어려운 이웃을 도울 때, 각자 자신의 형편대로 냈다. 부자들은 인색하지만 않았다면 밥 한술의 분량이 컸을 것이다. 반면, 가난한 자들의 밥 한술은 작은 분량이었을 것이다.

이처럼 기본식량 십일조를 나누는 자는 야훼가 주신 자유의지에 의해 눈짐작으로 그 분량을 정했다. 새들이 큰 나무에 앉든 작은 나무에 앉든 그것은 새들이 자유의지로 결정한다. 하물며 만물의 영장인 인간에게도 자유의지가 없겠는가.

정말 야훼가 정확한 10%를 요구했다면 "1%라도 속이지 말라" 등의 조항을 반드시 율법규례에 포함시켰을 것이다. 수치 측정관이나 검증관도 세웠을 것이다. 야훼는 정확한 10%를 확인조차 하지 않았는데, 누가 10% 수치를 요구할 수 있겠는가.

그렇다면, 구약 십일조 규례를 근거로 십일조헌금을 낼 때 그 계산법이 있었다. 정확한 10%가 아니었다. 개인의 형편에 따라, 자유의지에 의해 얼마든 그 금액을 산정할 수 있는 자유가 있었다.

십일조 장소

십일조를 가져온 곳은 중앙 성소와 지방 창고였다. 그렇다면 한국의 7만여 개나 되는 교회당들 중, 어디를 중앙 성소로 할 것인가를 먼저 정해야 했다. 그렇게 되면 중앙 성소 교회당 한 군데를 제외하고 십일조헌금을 받은 나머지는 다 불법행위 장소가 된다. 불법행위 장소에 종교세와 같은 현금 10%를 바칠 이유가 있겠는가.

한편, 지방 창고는 성전도 아니었기에 별도로 세워야 했다.

제사장은 십일조를 내지 않았다

사실이었다. 레위인들은 '십일조의 십일조' 를 제사장들에게 주었지만, 제사장들은 누구에게도 '그 십일조의 십일조의 십일조' 를 주지 않았다.

어떤 교회왕들은 실제로 이를 근거로 십일조헌금을 내지 않았다. 그렇다면 만인제사장들인 야훼벗들도 제사장이기에 십일조를 내지 않아도 된다는 뜻이 아닌가. 요즘처럼 불경기에 기쁜 소식 중의 기쁜 소식이 아닌가.

여기에 이중 삼중의 모순이 있었다. 야훼벗들을 구약 시대의 이스라엘 야훼 백성이 되게 한 점, 만인 제사장 종교개혁 정신을 무시한 점, 교회왕 자신만 레위인 겸 제사장으로 사칭한 점, 야훼벗들을 다시 레위인이 되게 한 점, 자신을 단독 제사장으로 사칭한 점, 제사장은 십일조를 내지 않았는데도 십일조헌금을 받은 후 모범을 보인다며 십일조를 내는 점, 모범이라지만 사실은 다들 내게끔 하려는 미끼 십일조헌금을 한 점, 십일조헌금을 제사장인 모든 야훼벗들과 공평하게 나누지 않은 점, 야훼가 요구하지도 않았는데 야훼의 이름으로 십일조헌금을 요구한 점 등이었다.

제사장은 한 푼의 유산도 남기지 않았다

제사장들은 유산도 없다고 했기에 한 푼의 유산도 남기지 말아야 했다. 십일조도 남기지 않았다. 간혹 레위인과 제사장 중 몰래 빼돌려 축적하는 이들이 있긴 있었다. 그런데도 아예 교회당을 통째로 자식에게 물려주는 유산 증여 행위는 대·중·소 범죄행위 분류에도 속하지 않는 '특대' 범죄행위였다. 갖가지 아이디어로 이런저런 방식으로 물려주는 행위, 그러고도 태연한 그 얼굴들. 그것을 물려받고서는 야훼의 뜻이었다며 야훼 이름을 팔아서 야훼벗들의 입을 막는 행위들, 눈가림으로 한 살림 차려서 내보는 행위도 당연히 불법행위였다. 모두 다 중벌을 받아야 할 대상이었다. 이는 당연히 야훼의 수직·수평 언약관계성 유지권에서 끊어진 자들이다.

실종된 수직·수평 언약관계성 유지 십일조

십일조를 십일조헌금으로 바꿔치기 한 것은, 교회왕들이 스스로를 민수기·신명기에 기록된 레위인과 제사장으로 착각한 데서 시작됐다. 제사장이라는 착각만이 아니었다. 레위인이라는 것까지 포함하여 착각했다. 이 착각에 의해 십일조헌금을 받을 때 스스로를 '레위인 겸 제사장' 이라고 소리 없이 공포했다. 그래서 십일조헌금은 '교회왕의 돈', 교회왕이 마음대로 쓸 수 있는 돈으로 합법화 했다. 누가 말하지도 않았는데도 자동적으로 재정권자가 됐다.

야훼벗들은 교회왕의 결정이라서 아무런 말을 하지 못했다. 그러니 그런 줄 알고서 순종만 해야 한다고 여겼다. 가끔 '생각하는 야훼벗들' 만 이런저런 고민을 해보곤 했다. 야훼 백성은 십일조를 레위인에게 주었고, 레위인은 제사장에게 주었기에, 제사장은 레위인에게 받아야 하지 않는가? 그렇다면 야훼벗들이 레위인인가? 레위인이라면 십일조헌금을 내지 말아야 하지 않는가? 그렇다면 누가 야훼 백성이며, 누가 레위인이며, 누가 제사장인가?

교회 사역에 왜 재원이 필요하지 않겠는가. 하지만 정당한 방법이어야 했다. 이렇게 날조되고 왜곡되니, 민수기·신명기의 수직·수평 언약관계성 유지 십일조 개념이 사라졌던 것이다. 그 대신 갖가지 편법·탈법·불법행위가 퍼져나갔다. 천국 가는 조건, 부자 되는 비결, 아니 최소한 경제적 문제의 해결책의 십일조로 전락돼 버렸다. 계약서 없는 밀약이었다. 이 일이야말로 통탄스러운 타락이었다. 야훼의 뜻이 아닌데도 야훼의 뜻이라고 했기 때문이다. 야훼가 더 이상 요구하지 않는데도 요구한다고 했으니 말이다.

설령 십일조헌금이 수직·수평 언약관계성 유지를 위한 기본식량 농축산물 대용이라고 하자. 그렇더라도 기본식량 해결을 위해 사용해야 했다. 이는 교회왕들이 기본 생계비 이상의 돈을 받지 않아야 한다는 것을 뜻했다. 적다고 여기면 교회 사역자가 되지 말아야 했다. 그러니까 교회왕이 되고 말았다. 십일조헌금으로는 교회 안팎에 기본 생계가 어려운 자들을 위해 사용해야 했다. 그런데도 교회당 안의 가난한 자들에게조차 별로 관심을 두지 않았다. 귀찮아했다. 한 푼이라도 축낼 인간으로 여겼다. 도와달라는 말을 할까 봐 알아서 딴 데로 가라는 의도로 가까이 대해주지 않았다. 외면당하는 당사자들은 그냥 눈치만 보아야 했다.

그런데 국가가 복지정책으로 기본 생계비를 다 해결해주고 있다면 어떻게 될까. 교회왕들은 교회당에서 기본 생계비 이상의 월급과 각종 수당까지 받고서 세금 한 푼도 내지 않는다. 게다가 국가의 복지수당까지 이중으로 수령하는 자들도 있었다. 교회에서 받는 사례비는 세금 한 푼 내지 않기에, 정부는 그들이 얼마를 받는지 파악할 수가 없어서다. 기본 생계비가 없는 사람으로 등록된 것이다. 그러니 이중인격자라는 소리를 듣지 않을 수 없었다.

특히 건축비로 전용하는 것은 매우 큰 범죄 행위였다. 이는 수직·수평 언약관계성 유지 십일조 개념을 송두리째 짓밟는 행위였다. 교회 안팎에 기본 생계비가 없는 계층을 위해서 사용하라는 십일조를 건축비로 둔갑시킨 것이다. 수백 억, 수천 억 원을 건축비로 전용하는 동안에, 수억 명의 굶주린 사람들이 죽어갔다. 가난한 자들을 위해 기도만 하고서 모른 척했다. 기도만이 해법이라면서 모른 척했다. 교회 건축이 더 절실하고 야훼의 뜻이라는 허위성 이유였다. 그리고는 먹거리가 없어서 기본 생활조차 불가능한 가난한 자들은 야훼가 알아서 해결해달라고 그 책임을 떠넘기기도 했다. 그래서 참다못한 야훼가 책망하듯 말했다. “왜 나에게 자꾸만 가난한 자들의 기본 생계비를 달라고 하느냐? 너희들로 하여금 기본식량이 없는 자들을 돌보라고 하지 않았는가?”

같이 한 번 보자. 머지않아 소유 건물이 없는 교회가 성공적인 교회로 평가받는 날이 올 것이다. 자연 인구가 점점 줄어들고 있고, 무엇보다 야훼벗 숫자가 점점 줄어들고 있다. 유럽 교회를 닮아가고 있다는 말이 헛소문이 아닐 것이다. 소수의 노인층만 남는 현상이 곧 올 것이다. 십일조헌금을 건축비로 전용한 그 대가를 치르게 될 것이다. 관리비조차 없어서 자칫 경매로 넘어갈 날이 올 수도 있다.

거룩심의위원회가 필요하다

본문에 의하면, 레위인과 제사장의 경우, 거룩한 사람만 기본식량 십일조를 먹을 수 있었다. 따라서 십일조헌금을 받아서 사용하는 사람은 거룩해야 했다. 그러므로 제대로 하자면, 거룩심의위원회라도 만들어야 했다. 이 심의위원회에서 심의 및 결정을 한 다음, 통과된 사람만 십일조헌금을 받아 사용할 수 있었다.

	구약 시대의 십일조	교회의 십일조헌금	비고(구약 / 교회)
본질·목적	수직·수평 언약관계성 유지 근거에 의해 경작지(기본식량)가 없는 계층과의 나눔, 가족 애찬용	구약(10%는 야훼의 것)에 근거, 감사 고백이 있지만 불문율적인 종교세처럼 고정화	구원과 연관시키는 강제성 및 의무이행
이행 의무자	경작지 소유자들 중 농축산물 수확이 있는 세대주	어린아이부터 모든 소득계층	주산업이 농축산물 아닌 자는 제외
품명	농산물과 축산물	월급·연금 등 모든 현금 소득	구약 시대에도 화폐가 통용되었음
품명 특징	먹거리(기본식량)	현금	먹거리와 현금은 전적으로 다른 것임
산지	이스라엘	한국은행	원산지부터 다름
기간	안식년(7년) 단위로 6년간	평생	안식년이 없음
횟수	• 1,2,4,5년째 : 년 2회 • 3,6년째 : 년 3회 • 7년째 : 중단	• 매주 / 매월 • 중단 없음	열의 하나는 가족 몫
분량	• 1,2,4,5년째 : 십이조 • 3,6년째 : 십삼조 • 7년째 : 중단	• 소득세처럼 총 수입의 정확한 10% • 7년째 중단 없음	소득세처럼 정확한 수치가 아니었음
대상	• 1,2,4,5년째 : 레위인, 제사장 및 예배자의 가족 • 3,6년째 : 위 대상을 포함하여 레위인, 고아, 과부, 이방인 등 경작지가 없는 계층 ==〉 전부 고대 근동인	• 목사는 제사장도 레위인도 아닌데도 관리 • 전액을 기본식량이 없는 계층을 위해 사용하지 않음 ==〉 전부 한국인	건축비, 인건비, 관리비 등으로 전용
장소	성전 및 지역 창고	교회당	거의 불법 장소임
때	추수가 끝난 후	주일	구약 안식일 제의는 소제, 전제, 번제였음

1. 민수기·신명기의 십일조의 원래의미는 무엇인가?

2. 민수기·신명기의 십일조의 본질과 특징은 무엇인가?

3. 민수기·신명기의 십일조 원리대로 행해야 한다면 어떻게 해야 하는가?

4. 민수기·신명기의 십일조의 본질이 이에수스 안에서 어떻게 이루어졌는가?

5. 민수기·신명기의 십일조가 오늘날의 십일조헌금의 근거인가 아닌가?

수직·수평 언약관계 회복 십일조

날조된 말라키서의 십일조

십일조에 관해 기록된 말라키서 성서 본문 중, 교회왕들의 눈이 번쩍 뜨인 본문이 있었다. 말라키서 3장 8-10절 본문이었다. 이 본문에는 써먹기 좋은 구절이 있었다. 첫째, '엘로힘의 것을 도둑질 하지 말라!' 둘째, '온전한 십일조를 바치면 야훼가 하늘 문을 열고서 쌓을 곳이 없도록 복을 부어 준다.', 셋째, '그렇게 되는지 아닌지 야훼를 시험해 보아라' 였다. (우리말 성서에는 엘로힘은 '하나님(God)' 으로, 야훼는 '주(The Lord)' 로 번역됐다.)

*십일조 절도죄로 날조

교회왕들은 "엘로힘의 것을 도둑질하지 말라!" 라는 말씀을 근거로, 십일조헌금을 내지 않으면 엘로힘의 것을 도둑질하는 행위 즉 '십일조 절도죄' 라고 했다. 매월 받는 월급은 기본이며, 고액이든 소액이든 모든 소득의 10%를 내지 않는 사람들은 '십일조헌금(돈) 절도범'이라고 했다. 돈을 훔친 자라는 말은 교회당 밖 세상 속에서 들어도 심리적으로 힘들게 한다. 그런데 교회당 안에서 이런 말을 들었으니 야훼벗들의 심리 상태가 어떠했을까.

교회왕들은 이 '돈 절도범' 이라는 말을 이 세상에서 가장 강력한 무기로 등장시켰다. 사람에게 받을 빚이 있어도 요구하는 것이 당당한데, 신이 받을 돈은 어떠했겠는가. 사람이 아닌 신, 엘로힘의 것을 도둑질하느냐는 말은 절대 권력의 힘과 같았다. 절도죄와 절도범이라고 선언하니 아무도 거부할 수 없었다.

그런데 사실은 이 '엘로힘의 것' 이라는 교회왕들의 말 속에는 '내 것' 이라는 주장이 숨겨져 있었다. 더 정확히 표현한다면, "너희들은 교회당 밖에서 월급 받고 살지 않느냐, 그러니 내 월급인 내 것을 내놓으라." 라는 것이었다. 심할 때는 채무대행업자처럼 돌변하는 경우도 있었다.

그러니 이유 불문하고서 10%는 무조건 바쳐야 했다. 바치지 않는 자들을 십일조 절도범이라고 하니 우선 내고 보자며 바쳤다. 도둑인지 아닌지는 그 다음의 과제였다. 그러다가 흐지부지해졌다. 이게 노예들의 특성이었다. 십일조 노예가 됐다는 증거였다.

그래서 야훼벗들은 월급을 받는 날에는 열심히 계산기를 두들겼다. 절도범이 되지 않고자 두세 번씩 계산하는 것은 기본이었다. 어떤 야훼벗들은 세전 월급에서 10%를 계산했다. 또 어떤 야훼벗들은 세후 월급에서 10%를 계산했다. 세후 계산자는 한 푼이라도 아끼려는 사람들이었다. 혹은 평소에 어떤 못마땅한 불만의 표시로 세후 10%를 선택했다.

그러니 한국 야훼벗들이 '십일조 도둑' 이 되지 않으려고 얼마나 애썼겠는가. 빚을 내서라도 정확히 계산하여 한 푼도 떼어먹지 않으려고 했고, 지금도 얼마나 애쓰는지 모른다. 선물 받은 것도 현금으로 계산하여 십일조를 이행했다. 심지어 아이들이 받은 용돈이나 세뱃돈에 대한 십일조도 내게끔 했다. 대출을 받거나 빚을 낸 부채의 10%도 계산하여 종교세처럼 냈다. 야훼벗들은 고통스러웠지만, 교회왕들은 흐뭇해 했다.

게다가 교회왕들이 매년 월급이 몇 퍼센트 인상되는지도 다 알고 있으니 야훼벗들은 꼼짝 달싹하지 못하는 신세가 되어 있었다. 왜냐하면 누가 부정확하게 내는지 훤히 알고 있어서다. 더구나 매달 한 번씩 십일조헌금 장부를 검열하기에 그 통계 자료에 의해 누가 떼어먹는지를 다 파악한다는 것을 알아서다. 그 결과, 세계에서 가장 열심히, 가장 많은 십일조헌금을 내는 국가가 된 것이다.

정말 십일조헌금을 하지 않으면 십일조 절도범인가? 누가 진짜 도둑인가? 진실 규명이 필요했다.

또 다른 강력한 요구 무기가 있었다. '대박 무기'로 날조하는 사기극이었다. "온전한 십일조를 바치면 야훼가 하늘 문을 열고서 복을 쌓을 곳이 없도록 부어준다!"

그래서 야훼벗들은 하늘 문이 열리게 하고자, 쌓을 곳이 없는 복을 받고자 '온전한 십일조'를 바쳤다. 인생 대박과 같은 큰 기대감으로 끝자리까지 정확히 계산한 10%를 바쳤다. 그러니까 야훼벗들은 이 '온전한 십일조'를 세금계산법에 의한 10%로 이해했다. 누가 명확하게 설명한 것은 아니었다. 교회왕이 선포하자 그런 줄 알고서 다들 따라간 결과였다.

원래 '온전한 십일조' 의미는 정확한 수치를 말하는 게 아니었다. 세상이 자꾸만 경제 논리가 지배하는 세상이 되다 보니, 이 논리가 교회당 안까지 침투했다. 그래서 모든 십일조와 관련된 구절의 원래 의미조차 경제 논리로 해석하게 됐다.

말라키 예언자는 십일조가 정확한 수치 10%인지 혹은 어떤 의미 인지에 대해 이미 레위기·민수기·신명기 율법 전승에 의해 잘 알고 있었다. 곧 십일조 예배자들에게 요구되는 내면성과 관련성이 있다 는 것을 분별하고 있었다. 먼저 성소 밖에서 거룩한 사랑의 삶을 살 아야 한다는 점을 누구보다 잘 인식하고 있었다.

교회왕들은, 야훼벗들이 교회당 밖에서의 삶의 태도와 동기가 어 떠하든, 어떤 삶을 살고 왔든 그런 것은 중요하지 않았다. 그 대신, 돈만 내면, 이왕이면 많이 내기만 하면 진정한 믿음의 사람이라고 인 정했다. 반면, 기초생활수급자라도 정확히 10%를 내지 않으면 믿음 이 없는 사람, 야훼의 것을 떼어먹는 도둑으로 여겼다. 그래서 도와 줄 대상이 아니라고 외면했다. 교회당 안에서는 모든 것을 10%에 의 해 사람을 평가했다. 그러니 빚을 내서라도 정확히 10%를 계산하여 내야 했다.

그런데 '온전한 십일조'에 문제가 생겼다. 하늘 문이 열리고 돈뭉 치가 지붕을 뚫고서 떨어지는 줄 알았는데 그런 일이 일어나지 않아서다. 쌓을 곳이 없게 될 것이라고 했는데 정반대 현상이 일어났다. 계속 대출을 받아야 하고, 어떤 때에는 이자가 비싼 카드론까지 써야 했다. 한국사회에서는 10% 십일조헌금을 내는 것보다 한탕 하는 것이 더 빨리 경제적 안정을 가진다는 것도 고민이었다. '못 해먹는 놈만 바보'라는 것이다. 그래도 언젠가는 때가 되면, '그때'가 되면 야훼가 복을 쏟아부어 주리라는 기대감으로 기다린 것이 벌써 20년 혹은 30년이 훌쩍 지났지만 무소식이었다.

십일조헌금의 날조 행위는 말라키서 3장 10절 인용에서 그 최절정에 이르렀다. 십일조헌금을 비롯하여 많은 헌금을 야훼의 창고인 교회당에 쌓으면 야훼가 하늘 창문을 열고서 쌓을 곳이 없도록 부어준다는 것이다.

야훼의 창고 교회당? 이것도 사기였다. 원래 이 창고는 주로 각 지역에 있는 십일조 창고였으며, 중앙 성소에는 하나밖에 없었기에, 말라키서대로 십일조를 요구한다면, 7만여 교회당 중, 하나를 정하여 바쳐야 했다. 그 나머지 교회당에 내는 것은 불법이었다.

게다가 세계 갑부들의 성공 비결이라는 증거까지 제시하면서 강조하니 따르지 않을 수 없었다. 정말 그러했는가? 단 한 번의 십일조헌금으로 경제적 번영이 이루어져야 하지 않는가? 돈을 밤새도록 세어도 셀 수가 없을 정도이어야 하는데 정말 그러했는가? 단 한 번이 아니라 수십 년 동안 단 한 차례도 빼먹지 않았는데도 왜 여전히 힘들고 어려운가? 십일조 바치지 않는 이들이 더 잘 사는 것은 무슨 이유인가?

한때, 1970년도에 시작된 경제 발전과 88올림픽 이후, 하루가 다르게 오른 부동산 가격이 공교롭게도 말라키서 본문을 입증해줬다. 그래서 다들 십일조헌금의 놀라운 결과로 여겼다. 경제성장을 주도하는 정부 지도자들을 위해 축복기도회까지 개최했다. 그러다가 최근 국내외 경제 상황이 악화되자 이 십일조헌금이 한계에 이르게 된 것을 인식하기 시작했다. 이런 유형의 본문에 대해 점점 의문을 품지 않을 수 없었다. 현실과 맞지 않다는 인식이 생기기 시작했다. 은행 계좌 잔액이 점점 줄어들고, 부채는 증가하며, 마이너스 통장으로 살아가야 하는 어려움에 직면하게 되는 이유가 무엇인가 고민하기 시작했다. 언제 어떻게 될지 모르는 위기에 직면했다는, 뭔가 잘못됐다는 생각을 하기 시작한 것이다.

이는 한국 야훼벗들의 신앙 사고가 성숙하고 있다는 증거이기도 하다. 철없는 어린 아이들이 사탕발림에 넘어간 것처럼, ‘대박 축복 비결’의 말에 넘어간 것을 알게 된 것이다.

결국 말라키서의 ‘그 꿈’이 현실적으로 이루어지지 않고 있다. 잠시, 그것도 십일조헌금에 의해서가 아니라, 국가경제정책에 의해서였다. 아, 그런데 이제는 그 대박이 사기였다는 것이다. 그래서 또 다른 고민이 생겼다. 쌓인다는 현금은 쌓이지 않고 이중 삼중으로 고민거리만 쌓여갔다.

게다가 또 다른 문제도 생겨났다. 십일조헌금을 내지 않으면 쏟아지는 복을 받지 못하는 정도로 끝나는 것이 아니었다. 우환이 생긴다는 데까지 확대된 점이었다. 복은 못 받더라도 우환은 없어야 하는데, 이는 정말이지 무서운 두려움이었다. 오죽했겠는가! 누가 저주받는 인생이 되고 싶었겠는가! 그 저주도 야훼의 저주라고 하니 얼마나 두려워했겠는가! "저주 받지 않아야 한다! 대학 입학, 취업, 고시 합격, 승진, 결혼, 사업번창, 무병장수, 만사형통 등 성공한 인생이 되지 않으면 안 된다!"라며 안간힘을 쏟으며 이 생각이라도 붙들고자 했다. 그래서 알면서도 십일조 대박 사기에 동조하게 된 것이다. 마치 늪에 점점 빠져든다는 것을 알면서도 발을 빼지 못하는 경우와 같았다.

하지만 이 '저주'의 실체는 확연했다. 잘못된 '기복주의 번영사상'에 의한 저주였다. 야훼의 저주는 그런 저주가 아니었다. 관계성이 끊어지는 것이 저주였다.

말라키가 야훼 백성으로 하여금 야훼와 바른 언약관계성을 맺도록 기록한 본문이, 한국에서 이리저리 난도질 당해 날조용 근거로 사용됐다는 것은 가슴 아픈 일이 아닌가.

단락 제목의 문제점

모든 우리말 성서에 이 본문(말3:8-10)을 포함하고 있는 단락의 제목을 '십일조'로 표기하고 있다. 그래서 성서 독자들이 이 제목을 보자마자 십일조에 관해 기록된 본문으로 착각하게 만들었다. 교회왕들도 십일조를 요구할 때 당연하다는 듯 이 본문을 그 근거로 삼았다.

원래 이 단락은 '십일조'가 중심 주제가 아니기에 단락 제목이 될 수 없었다. 율법규례를 온전히 지키지 않는 야훼 백성들에 대한 책망, 야훼에게로 돌아오지 않는 야훼 백성들에 대한 책망, 곧 언약 충실에 대한 권고와 경고, 야훼에게로 돌아오라는 권고와 경고가 중심 주제였다. 말라키 예언자는 율법규례를 지키지 않는 것들 중, '십일조와 대속 제물'을 그 예로 제시했을 뿐이다. 십일조 하나만도 아니었다. 십일조와 대속 제물이었다. 만일 단락 제목으로 표기하려면 '율법 위배의 예: 십일조와 대속 제물' 혹은 '엘로힘을 속이는 것들'로 하는 것이 더 적절했다. 그랬더라면, '십일조 근거본문'으로 오용하지 않았을 것이다.

그런데 공동번역판과 공동번역개정판에는 '십일조'가 아닌, '하느님을 속이는 것들'로 표기하고 있다. 모든 것에 다 동의하지 않더라도 적어도 이 두 번역본의 번역자들이 이 본문에 대해 바르게 번역하려고 한 점은 인정해야 한다. 몇몇 영어번역본에도 '엘로힘을 속이지 말라(Don't cheat God)'로 표기했기에, 이 말라키서 십일조 본문의 단락 제목이나 중심 주제에 대해 진지한 이해가 필요하다.

석의가 없는 설교(강해)에서 비롯된 십일조 날조

성서 본문을 이해하고 깨닫는 방법으로는 크게 두 가지가 있다.

하나는, 비전문적(non-professional) 방법이다. 성서는 주도적·근원적 원 기록자인 거룩한 영이, 도구적·협력적 원 기록자의 인격을 유기적인 방식으로 사용하면서 기록하게 했다. 그래서 누구든 본문을 읽으면 동일한 영의 감동에 의해 이해하고 깨닫는 부분이 있다. 개인 묵상이 그 대표적인 예다. 하지만 이 방법만을 유일하게 여기면 매우 위험한 문제를 일으킨다. 주관적·자의적 오해 덩어리 안으로 들어가게 된다. 이들은 주로 '성서 한 권' 외에는 그 어떤 책도 필요하지 않다고 주장한다. 야훼와의 직통계시 내지 잘못된 거룩한 영의 기계적 역사를 믿어서다. 매우 심각한 문제는, 이 비전문적 개인 묵상으로 66권 모두 다 이해할 수 있다는 주장이다. 종교개혁자 루터는 당시 가톨릭 사제들만 소유하던 성서를 모든 야훼벗들도 소유하면서 읽을 수 있게 한 큰 공헌점이 있었다. 그런데 이 '성서 소유의 자유'가 '성서 해석의 자유'로 변질되어, 오늘날 개신교가 수많은 교단으로 분열했고, 사이비와 이단 출현이라는 부정적인 측면도 생겨났다. 이 모든 문제의 주된 원인은 '성서 한 권'만을 주장하거나, 주관적·자의적 해석에 의한 결과였다. 또한 '믿음'만 있으면 성서 본문을 다 이해할 수 있다는 매우 무모한 주장도 한다. 그래서 성서 본문을 펴기만 하면 곧바로 야훼가 다 깨닫게 한다는 위험한 말을 하는 이들도 있다.

다른 하나는 전문적(professional) 방법이다. 이 방법은 비전문적인 방법을 경시하지 않는다. 하지만 보다 더 객관적인 신학 도구들(원어 성서, 사전류, 석의주석서, 신학서 등)을 사용한다. 이 도구들을 사용할 때

영의 조명 아래서 실행한다. 곧 거룩한 영의 조명 아래서 야훼가 선물로 준, 영성에 의해 변화받은 전 인격체(지성·감성·의지성·신체성)를 사용한다. 특히 야훼가 변화시키고 단련시킨 지성을 사용해야 한다.

그런데 어떤 사람들은 '신학'이라는 말만 들어도 두통을 느낀다고 한다. 잘못된 신학 탓이기도 하지만, 신학에 대한 잘못된 이해가 그 원인이기도 하다.

신학이란, 원래 특정한 사람들의 점유물이 아니었다. 신학 이해는, 마치 모든 사람이 수술까지 할 수 있는 전문의는 아니지만, 최소한 기초적인 의학지식이 있어야 건강관리가 가능한 경우와 같다. 그런 점에서 모든 사람은 넓은 의미의 의사다. 마찬가지로 모든 야훼벗들은 넓은 의미의 신학자다. 사용하는 용어부터가 신학 용어다. 전문 신학자는 아니더라도 어느 정도의 신학 지식이 있어야 신앙 관리가 가능하다는 것이다. 신학 지식이 없을 경우, 십일조 사기극처럼 잘못된 것에 의해 사기를 당하거나 맹종을 하다가 큰 피해를 입을 수가 있다. 평생 그렇게 될 수 있다. 보이지 않는 야훼의 이름으로 요구받기에 반드시 어느 정도의 신학 정보는 필요하다. 이런 이유로 '신학 대중화 운동'이 필요하다.

게다가 신학 교육과 교회 사역이 일치하지 않는다는 점은 크나큰 문제다. 의사들은 의과대학에서 배운 의학에 근거하여 병원에서 환자들을 진단하고 처방한다. 하지만 신학교육기관에서 배운 신학으로 교회를 섬기지 못한다는 것은 심각한 질병이 아닌가. 신학교육기관에 다닌다고 해서 건전하고 균형 잡힌 신학 지식을 배울 수 있는 게 아니라는 점도 더 심각한 문제다.

성서에 계시된 야훼의 뜻을 발견하는 것은 모든 야훼 백성의 의무다. 야훼의 뜻을 따라 사고하고 삶을 살기 때문이다. 현재까지 전문적 방법에 의한 성서 이해로는 '석의 방법' 보다 더 나은 방법은 없다.

교회왕들의 결정적인 범법행위는, 본문의 원래의미를 풀어주는 석의(Exegesis) 없는 설교에서 비롯됐다. 설교는 물론, 성서 본문과 관련된 그룹성서공부, 제자화, 상담, 개인묵상(QT), 교회학교 교육 등도 먼저 석의에 의해 원래의미를 찾아야 했다. 그런 다음, 그 석의 결과를 토대로 해야 했다. 심지어 찬송가나 복음성가 가사도 석의에 의한 원래의미와 관련돼 있다. 왜곡된 가사들이 바로 이 점을 무시하기 때문에 생긴 것이다. 그런 과정이 없다면 해석자의 개인적인 생각, 경험, 그릇된 전통 견해, 시대적 가치의 영향 등을 본문에 이입시키어 해석하는 자의(Eisegesis)를 근거로 하게 될 수밖에 없다.

사실, 신학교육기관에서 석의가 무엇인지, 석의를 어떻게 하는 것인지에 대해 체계적으로 배우지 못한 이유도 있었다. 석의라는 단어가 좀 생소할 수 있지만, 그렇다고 그리 어려운 영역은 아니었다. 영어권과는 달리, 우리말 용어가 정리되지 않는 점도 석의를 오해하게 했다. '주석, 주해, 해석, 석의, 강해, 강론, 강설, 설교' 등 좀 복잡하다. 하루속히 정리가 필요하다.

석의(Exegesis)란, 원 기록자(Original Writer)가 놓여 있었던 원

상황(Original Background) 가운데서, 원 독자들(Original Reader)에게 전달하려고 했던 야훼 말씀의 원래의미(Original Meaning)를 발견하는 일련의 과정을 말한다.

이를 위해서는 먼저 본문의 '그때·그곳(Then·There)'으로 되돌아가야 한다. 그런 다음, 그때·그곳의 원래의미를 '오늘·이곳(Now·Here)'에 적용하는 것이 강해(Exposition) 혹은 설교(Sermon/Preaching)이다. 따라서 석의 없는 강해나 설교는 진정한 의미에서 강해나 설교가 될 수 없다. 자의적 강해나 자의적 설교가 되기 마련이다. 무엇보다 성서 본문의 원래의미를 왜곡시킬 수 있는 '시한폭탄'을 늘 지니고 있다.

이 원래의미란, 단어나 문장을 보기만 하면 곧바로 알 수 있는 것이 결코 아니다. 더구나 원래의미가 담긴 성서 본문은, 오늘날 21세기와는 시간적·공간적·언어적·문화적 등 여러 측면에서 큰 차이가 있다. 이 큰 차이를 어떻게 단순한 직관이나 직감으로 알 수 있겠는가. 또한 야훼 말씀을 인간의 언어로 기록했기에, 게다가 성서는 66권의 책으로 구성되어 있어서 그들 사이에는 각기 연속성과 불연속성의 관계가 있기에, 특히 성서 전체 관점에 의해 이해해야 하기에, 원래의미를 깨닫는 것이 쉽지 않다.

* 오역에서 비롯된 십일조 날조

석의의 첫 단계는 번역이다. 그러기에 바른 번역, 원문에 가장 가깝게 번역하는 일은 매우 중요했다. 우리말 초기 성서가 원문에서 직접 번역하지 않았기에 십일조 본문이든 그 어떤 본문이든 반드시 번역이 바른지를 확인해야 했다. 중국어 성서나 한문 성서, 일본어 성서를 우리말로 번역한 면이 있어서다. 특히 중국어 성서는 원문이 아닌 영어 번역본을 토대로 했기에, 중국어 성서를 근거로 번역한 우리말 성서는 이중 삼중의 오역이 있을 수 있었다.

말라키서 3장 8-10절의 본문에 대해 두 가지 오역이 있었다.

첫 번째 오역은 "엘로힘의 것을 도둑질하지 말라."는 번역이었다. 원래 "엘로힘을 속이지 말라."가 더 나은 번역이었다. 아마 번역자들이 구약에 기록된 바대로 '십일조는 야훼의 것'(원래의미에 대한 이해 없이)이라서, 원문과 상관없이 '십일조헌금도 야훼의 것'이라는 선입관으로 번역했을 가능성이 매우 높다.

그런데 히브리어 원문에는 '엘로힘의 것'이라는 단어가 없다. '엘로힘'이다. 그러니 이것부터가 오역이었다. '엘로힘'을 '엘로힘의 것'으로 바꾸어 놓았다. 이는 뒷부분 동사 '도둑질하지 말라'와 일치시키고자 잘못 오역을 한 게 분명해 보인다. 곧 이 동사('도둑질 하다')의 목적어로는 물건이 와야 어울리기에 '엘로힘'이 아닌 '엘로힘의 것'으로 바꿨을 것이다. "엘로힘을 강탈하지 말라／도둑질하지 말라."는 기괴한 번역이라서, "엘로힘의 것을 강탈하지 말라／도둑질하지 말라."로 번역한 것 같다. 하지만 '엘로힘'을 '엘로힘의 것'으로 바꾸지 말고 정상적으로 번역을 해야 했다.

동사 '도둑질하다' 도 오역이었다. 여러 학자들이 '도둑질하다' 의 히브리어 동사(qaba)를 히브리어 야아콥과 연관 짓는 점을 고려해도 '속이다' 가 적절하다. 장자권을 차지하고자 형 에사우를 속인 것처럼, 야훼 백성들이 자신의 이익을 추구하고자 엘로힘을 속인 행위, '속이다' 로 번역하는 게 적절하다.

여러 영어 번역본에도 '온전하지 못한 십일조 및 제물을 바치는 행위' 와 '속이는 행위' 를 동일하게 간주하여 "Don't cheat God." 으로 번역한 번역본들이 더러 있다. 공동번역과 공동번역개정판에는 "엘로힘을 속이지 말라." 로 번역되어 있다. 루터도 독일어 성경을 번역할 때 '속이다(täuschen)' 로 번역했다. 루터는 고대 그리스어와 고대 히브리어 원전을 대본으로 하여 독일어로 번역한 후 여러 전문가들의 검증을 거쳤다. 무엇보다 모든 독일 국민을 가톨릭의 종교적 노예 상태에서 구출하고자 정확하게 성서를 이해하게끔 했기에 신중한 번역을 한 결과라 할 수 있다.

"엘로힘의 것을 도둑질하지 말라." 이 오역은 어마어마한 범법 행위와 다를 바가 없다. 왜냐하면 십일조는 야훼의 것이라는 전제에 의해 십일조헌금을 내게끔 하려는 불순한 의도가 있었기 때문이다. 지금까지 이 오역으로 거둬들인 십일조헌금 총액이 얼마일까. 단군 이래로 최대·최고액의 사기 금액일 것이며, 공갈·협박·강요 금액일 것이다.

그렇다면 '속이다' 가 더 적절한 또 다른 근거가 있다. 성서를 번역할 때, 단어의 사전적 의미를 일차적으로 확인한 후 다의어일 경우, 그 본문의 원래의미에 의해 번역을 하는, '의미론적 번역'이 중요하다. 또한 그 본문의 문맥이 무엇인가를 고려한 문맥의미에 의해서 번역하는 것도 중요하다. 이뿐 아니라, 말라키서를 비롯한 구약 전체에 흐르고 있는 야훼의 언약 관점에서 번역하는 것도 중요하다. 이 동사가 사용된 문장이나 바로 앞절(7절)에는 언약언어들이 사용됐다. 언약 파기 행위, 언약이행 약속을 깨뜨리는 행위, 신실하지 못한 거짓성 등 언약과 관련된 기록들을 고려하면 야훼의 것을 도둑질하다는 어울리지 않는다. '기만성, 거짓' 의미가 더 적절하다.

히브리어 동사 'qaba'가 '훔치다'라는 뜻이 없는 것은 아니다. '강압적으로 빼앗는 행위'를 뜻하기도 한다. 하지만 성서 전체나 말라키서 전체 관점에서나 본문 문맥의 관점에서 '야훼를 강압적으로 빼앗는 행위나 훔치는 행위'보다 '야훼를 속이는 거짓 행위'가 더 적절하다. 강탈이나 훔치는 행위는 야훼에 대한 인간행위 표현언어로서도 부적절하다. 어떻게 인간이 '야훼'를 강압적으로 빼앗고 훔칠 수 있겠는가.

이 '속이다' 번역은 말라키 예언자의 기록 목적을 고려해도 적절하다. 말라키서를 기록할 때, 십일조를 강조하려고 하지 않았다. 야훼 백성들로 하여금 야훼와 언약관계성을 회복하도록 하려는 것이 강조점이었다. 그래서 진정한 예배를 드리도록 권고와 경고를 명한 야훼의 메시지를 기록했다. 진정한 예배가 아닌 거짓 예배는 야훼를 속이는 행위와 다를 바가 없기에 이 행위를 강조하고자 했다. 단절된 관계성, 야훼의 통치를 받지 못하는 관계성을 회복하려는 의도였다.

유대교 랍비 에르네스트 클레인(Ernest Klein)이 저술한 그의 기념비적 작품, 「A Comprehensive Etymological Dictionary of the Hebrew language for readers of English(영어독자를 위한 히브리어 어원 종합사전)」 제 561면에서 이 동사(qaba)의 의미에 대해 '속이다, 훔치다' 두 가지로 풀이한 다음, '속이다' 와 더 연관시키는 듯하다.

따라서 위의 여러 가지 논점을 종합해보면, '훔치다, 강탈하다' 보다 '속이다' 가 더 적절하다는 점을 입증한다. 그러므로 더 이상 오역된 본문을 인용하면서 십일조를 내지 않는 행위가 야훼의 것을 도둑질한다는 얼토당토않은 요구를 하지 말아야 한다.

생각해보라. 어떻게 10%만 야훼의 것인가? 모든 것이 다 야훼의 것이 아닌가? 10%는 야훼의 것, 90%는 우리의 것으로 나누는 것이야말로 모든 것이 다 야훼의 것인 데서 90%를 훔치는 도둑질이다. 아니, 십일조헌금 10% 자체도 사기에 의한 착복 행위다. 그렇다면 누가 진짜 도둑인가? 야훼가 더 이상 요구하지 않은 십일조를 야훼의 이름으로 요구하는 자가 진짜 도둑이 아닌가? 야훼 이름 도용죄, 명예훼손죄, 모욕죄, 허위사실유포죄 등을 자행한 무시무시한 위법 행위다. 야훼의 이름을 도용하여 남의 재물을 빼앗는 행위는 '사기죄' 에 해당된다.

두 번째 오역이 있었다. '온전한 십일조를 내면 쌓아둘 곳이 없게 되는지 아닌지 야훼를 시험해보라'에서 '야훼를 시험해보라'가 오역이었다.

성서는 야훼가 인간을 테스트하는 것을 기록하고 있다. 인간이 하나님을 테스트한다는 기록은 없다. 야훼를 테스트 해보고서 믿든지 말든지 하겠다는 것은 인간이 만든 신에 지나지 않는다. 그러기에 번역할 때 매우 신중해야 했다. 야훼가 자기 인격을 내걸고서, 야훼 노릇을 해주는지 아닌지, 야훼로서의 통치권을 행사하는지 아닌지, 구체적으로 약속을 지키는지 아닌지, 언약관계를 회복시켜 주는지 아닌지에 대해 '주목해보라'를 '시험해보라'로 오역했던 것이다.

교회왕들은 십일조 요구에 대한 책임 문제를 단락 제목이나 번역의 문제점 탓으로 돌릴 수 없을 것이다. 조금만 생각해보면 진리가 아니라는 것을 잘 알 수 있어서다. 기초 신학만으로도 충분히 식별할 수 있었다. 곧 신구약 관계성이나 율법과 복음의 관계성으로도 얼마든지 원래의미를 깨달을 수 있었다. 더구나 삼위일체 야훼의 통치를 받고 있기에, 거룩한 영의 조명이나 신앙 양심의 호소에 의해서라도 십일조 요구를 하지 않아야 했었다. 더더구나 상식에 의해서라도, 구약 제도는 다 폐기됐기에 십일조 제도만을 살리는 것은 불법 행위임을 알 수 있었다. 그럼에도 왜 십일조를 요구했을까? 당장 먹고 사는 데에 필요한 것이라서 요구했는가? 혹은 '돈 되는 일인데 구태여 마다할 필요가 있겠는가?' 하며 모르쇠로 일관했는가? 혹은

‘돈이 들어오는 일인데 귀찮게 십일조 요구가 진리인가 아닌가 알아볼 필요가 있겠는가?’ 라는 생각에 의해서인가? 혹은 ‘남들 다 하는 일이다.’ 라며 같은 현실주의자들을 따랐을 수도 있었겠다. 혹은 문제가 있다는 것을 알았지만, 본문 연구의 실력이 없어서 지나쳤을 수도 있었다.

하지만 어떤 경우든 변명이나 핑계일 뿐이다. 그동안 십일조 이행이 야훼의 뜻이라며 요구하여 거둬들여 편안함과 안정 속에서 살았으니 이제는 이 위배에 대해 책임지는 실천을 해야 할 때가 되었다.

* 말라키서 본문 배경의 이해가 없는 십일조 날조

어느 성서 본문이든 본문배경 이해도 석의의 중요한 한 단계다. 기록 당시, 기록자들, 수신자들, 공동체들이 어떤 삶의 정황 아래에 있었는지를 이해하지 않으면 심각한 오해를 할 수 있어서다. 심각한 오해의 대표적인 예가, 문화적 이유를 교리적 이유로 둔갑시킨다는 점이다.

구약에 기록된 “돼지고기 먹지 말라.”에 대해 야훼의 뜻이 채식주의라고 주장한 이들이 있었다. 한때 국영방송을 통해 한국 전체를 채식주의 국가로 만들 뻔 했다. 이는 문자주의자들의 해석이었다. 하지만 성서 다른 본문에는 육류도 먹게끔 기록되어 있다. 이 돼지고기 금지 이유는 의학적 이유였다. 고대 근동 돼지는 질병에 약했다. 양은 강했다. 그래서 양고기는 먹었다. 반면, 한국산 돼지고기는 고대 근동 돼지고기와 다르다고 한다. 어떤 연구에 의하면 한국산 돼지고기는 건강 유지에 유익한 면이 있다고 한다. 그래서 한국인들이 삽겹살이나 목살을 좋아하는 것이 아닐까.

이에수스가 공생애 때, 제자들을 둘씩 짝지어 파송한 일이 있었다. 이는 교리적 이유가 아니었다. 유대 문화권이라는 특수한 지역에 대해서만 둘씩 파송했다. 당시 유대 문화에 의하면, 어떤 사실을 증거할 때 두 명의 증인이 필요했다. 따라서 이는 문화적 이유였기에 오늘날에도 반드시 두 명씩 전도하러 다녀야 한다는 괴상한 교리 주장을 하지 않아야 한다.

본문 말라키서 3장 8-10절에 반영된 배경은 무엇이었을까? 온전한 십일조와 제물을 바치라고 기록한 그 배경은 무엇이었을까?

먼저, 경제적 배경이 아니었음을 이해해야 한다. 10% 정확히 계산하여 바치는 온전한 십일조라야, 쏟아지는 복을 받는다는 경제적 번영의 비결로 기록된 것이 절대 아니었다.

말라키 시대, 성전 밖 공동체에서 심각한 삶의 문제가 있었다. 각계 모든 영역에서, 각층의 모든 사람들이 다 총체적으로 야훼의 뜻을 거역했다. 썩지 않은 곳이 없었다. 제사장들도 예외가 아니었다. 같이 악을 자행했다. 아니, 야훼 백성으로 하여금 죄를 짓게 하는 짓까지 해댔다.

당시 야훼 백성들이 처한 삶의 형편은 비참하기 짝이 없었다. 바빌론 포로살이를 끝내고 귀국했지만, 정치적·사회적·경제적·종교적 영역 중 어느 영역 하나 정상적인 상태가 아니었다. 모든 영역에 대한 야훼의 우주적 샬롬 계획이 실패한 듯했다. 매우 암담했다. 기근, 가난, 부정부패 등으로 희망이라고는 보이지 않았다. 국토도 줄어들었고, 땅은 파괴되고, 경제적 빈곤과 불안감 등 정말 살기가 힘든 상태였다.

더 힘들게 하는 일이 있었다. 야훼의 뜻을 어기는 이들, 율법을 지키지 않고서 악을 행하는 이들이 더 잘살았다. 야훼의 샬롬 정의를 실현하는 이들이 오히려 고난과 시련을 겪어야 했다. 그래서 야훼의 세상 통치, 역사 개입, 정의와 사랑에 대해 회의주의와 냉소주의에 젖어 있었다. 야훼가 각 개인의 삶이나 공동체의 문제와 아무런 관계성이 없다고 여겼다. 절망할 수밖에 없었다. 야훼가 자기 백성을 버렸다는 회의감만 가득했다. 야훼의 즉각적인 심판이 없으니 말씀대로 살 필요가 없다며 악을 마음대로 자행했다. '야훼는 어디 계시는가?' 하며 야훼 존재에 대한 회의감에 점점 빠져들었다. 신앙은 점점 약화되다가 상실 위기에까지 이르렀다.

상황이 이러하니 먹고사는 문제가 심각하지 않을 수 없었다. 야훼 백성으로서의 정체성이나 삶, 사회적 정의와 인권은 뒷전이었다. 수단·방법 가리지 않고서 경제적 안정과 풍요를 추구했다. 치열한 '경제적 경쟁·경제적 쟁탈전'을 해야 했고, '돈 되는 일'이라면 무엇이든 자행했다. 야훼에 대해서도 예외가 아니었다. 야훼를 속이든 야훼의 이름을 팔든 돈만 된다면 무엇이든 망설이지 않았다. 이 소용돌이 속에서 약속이나 한 듯 예배마저 참된 본질에서 벗어나기 시작했다. 야훼와 야훼의 율법보다는 '경제'가 가장 중요했다. 율법에 규정된 첫 소산물, 십일조, 제물 등에 관한 율법규례들을 온전하게 지키지 않았다.

그렇다고 아예 성전에 발걸음을 끊어버린 것도 아니었다. 예배 때가 되면 제물과 헌물을 들고서 성전에 오곤 했다. 하지만 성전 밖 언약공동체에서 가증스러운 태도·동기, 그것에 의해 불결한 삶을 살았고, 그런 상태에서 십일조와 제물을 드리려고 성전에 발을 내디뎠다. 아무런 짓도 하지 않았다는 태연한 얼굴을 보였다. 이는 야훼가 받으시기에 역겨운 삶의 태도·동기, 역겨운 언약공동체 삶이 담긴 십일조와 제물이었다. 야훼와 진정성이 있는 관계성 유지가 될 수 없었다. 오히려 관계성을 단절시키는 삶의 태도·동기 및 언약공동체 삶이었으며, 그런 태도·동기를 담은 제물이었기에 야훼는 받을 수가 없었다.

참으로 바빌론 포로살이로도 '정신을 차리지 못하는' 야훼 백성들이었다.(고난에 대해 자업자득 식으로 여기지 말아야 하는 것은, 공동체 혹은 타인에 의한 고난, 야훼의 사랑의 뜻에 의한 고난도 있어서다.) 적지도 않은 기간인 70년 동안, 말로 다할 수 없는 포로살이의 치욕과 아픔을 통해 쓰디쓴 역사적 교훈을 얻었음에도 여전하거나 더 악해졌다. 달라지지 않았다. 진정성이 없는 제물을 드리며 야훼를 기만하는 행위뿐이었다. 제사장들마저 그러했으니 더 이상 무슨 말이 필요했겠는가.

성전 밖에서는 율법을 어긴 채, 공동체 이웃에게 악을 행한 채, 사회적 정의를 불이행한 채, 인권을 유린한 채 성전에 예배하러 오는 것은 성전을 더럽히는 행위였다. 야훼의 이름을 더럽히며 야훼를 속이는 행위였다. 진정성이 없는 예배를 수만 번 드린들 헛수고였다. 야훼의 영광스러운 거룩한 사랑의 지혜와 능력을 덧입을 수 없었다. 그러니 먹고사는 문제는 해결될 수도 있었겠지만 자신의 죄는 통제할 수 없었고, 공동체의 사회적·경제적 등 총체적 구조악에 대해서 무력하기 짝이 없었다. 무능하고, 야훼의 뜻을 행할 지혜와 능력이 없으니 야훼 백성도 세상도 달라질 수 없었다. 이 모든 것의 주된 원인은 고의적인 실천 불이행이었다. 얼마나 지독할 정도로 말을 듣지 않았는지, 야훼를 진저리나게 할 정도였다. 야훼는 사람이 아닌 신인데도, 녹초가 될 정도였다(말2:17).

야훼를 사랑한다면 그 사랑의 동기로 이웃을 섬겨야 했다. 이 삶이 진정으로 야훼를 사랑하는 증거였다. 야훼사랑에 대한 응답적 표현이 이웃사랑이었다. 야훼에게 대한 감사의 표현도 이웃에게 표현했다. 야훼를 경외한다면 이웃에 대해 악을 행하지 않았다. 경외의 삶으로 야훼에 대한 경외감을 표현했다. 야훼와의 거룩한 언약관계성이 맺어져 있다면, 이웃과도 거룩한 언약관계성의 교제를 나눴다. 그래서 야훼에게 드리는 십일조로 기본식량이 없는 계층들과 나눴다. 그러할 때 진정한 의미의 '온전한 십일조'로 인정됐다. 말라키는 이 점을 전하려고 했던 것이다.

야훼 백성들이 각자 자기 재산만 지키며 축적하는 데에 더 집중하자, 배가 고프게 된 이 계층의 사람들이 어떻게 됐겠는가. 굶다가 죽을 수는 없었다. 먹고살기 위해서는 무슨 짓이든 하려고 했다. 같이 악을 행하게 된 것이다. 그러자 야훼의 샬롬공동체가 악독한 공동체로 변해갔다. 가진 자들은 참으로 어리석었다. 공동체 안에 가난한 자들, 배고픈 자들이 있을 경우, 어떤 모습으로든 같이 피해를 입는 공동체원리를 왜 몰랐을까. 절대 혼자 잘 먹고 잘살 수가 없는, 공동체의 연대원리에 대해 그토록 어리석은 생각을 했을까.

이처럼 야훼가 바치는 십일조가 10%가 아닌 5%라서 온전한 십일조를 요구하신 것이 아니었다. 진정한 동기윤리와 이 윤리에 의한 삶을 원했다. 차라리 다 나눠 주고서 빈손으로 성전에 오는 것을 더 원했다. 진정한 예배를 받으시길 원했기 때문이다. 그러할 때 야훼의 수직·수평 언약관계 유지(샬롬) 은총으로 다스려 주려는 이유였다.

정말이지 말라키 시대의 야훼 백성들은 핵심 은총을 잊어버렸다. 그들은 천지개벽과 같은 은총을 덧입었다. 야훼의 초자연적인 능력이 아니고서는 미츠라임 노예살이에서 구출받을 수 없었고, 홍해를 건널 수 없었으며, 가나안 땅에 들어가서 정착할 수 없었다. 또한 바빌론에서 귀환할 수 있었던 것도 초자연적인 능력이 아니고서는 불가능했다. 이 주된 은총을 잊어버린 채, 타락한 죄성에 의해 삶의 안정과 풍요를 구하고자 갖가지 악을 자행했다. 언약공동체는 무너졌고, 각자 지독할 정도로 개인주의화 하여 수단·방법 가리지 않는 삶을 살았다.

이처럼 말라키 시대에 야훼 백성들이 성전 안팎에서 악을 자행한 행위들이 본문 배후에 반영되어 있어서 반드시 이 점을 확인해야 했다.

마찬가지다. 야훼벗들이 교회당 바깥에서는 야훼벗답게 살지 않는다면, 주일에 십일조헌금 봉투 들고서 교회당 안으로 들어온들 야훼는 그 봉투 받지 않겠다는 선언을 이미 하셨다. 아무리 정확한 10% 헌금이라고 해도, '온전한 십일조'가 아니기 때문이다. 대형교회당을 만들어서 야훼 이름을 팔아가면서 자기들끼리 상부상조하는 '자축파티'도 지겨워했다. 그러니 계속 "고액의 대형교회당 건축을 건립하지 말라. 성전은 이미 무너졌다. 그 돈으로 사회적 약자들을 위해 쓰라. 얼마 후 관리비를 낼 처지도 못 된다. 경매에 넘어간다. 세상 속에서의 소명이 더 중요하다. 야훼를 사랑한다면 악과 고통을 제거하고 줄어들게 하라. 착취하지 말라. 돈만 최고로 여기지 말라."라는 다양한 경고의 사인을 주어도 졸고 있는지, 귀를 막고 있는지, 정말 무지한지, 알고서도 모르는 척하는지 변화가 없다.

*말라키의 기록 목적에 대한 오해에서 비롯된 십일조 날조

번역과 본문 배경뿐 아니라, 말라키의 기록 목적을 알아보는 일도 석의의 중요한 단계다. 기록 목적이 명시된 책도 있지만 없는 책들도 있어서다.

말라키가 십일조 본문을 기록한 것은 경제적 목적이 아닌 신학적 목적에 의해서였다. 끊어져 있는 야훼와의 거룩한 수직·수평 언약 관계성, 사랑의 관계성을 정상화 하도록 촉구하는 신학적 목적이 었다.

첫째, 말라키는 야훼와의 언약관계 회복을 위해 제사장들과 야훼 백성들의 죄악에 대한 책망과 경고의 목적으로 기록했다. 야훼와의 관계성이 정상적으로 맺어지지 못한 원인에 대한 책망과 경고였다. 온전한 십일조도 바로 이 책망과 경고 목적에 의해 기록됐다. 본문 3장 8절에서 십일조와 제물에 대해 기록하기 전에, 3장 5절에서 여러 가지 구체적인 죄명들을 지적한 것을 볼 수 있다. 동시에 그 죄악에 대한 심판을 하고자 임하겠다는 경고 메시지까지 기록되어 있다. 이미 기소되어 있어서 심판을 하겠다는 야훼의 뜻을 알렸다. 고아·과부와 같은 사회적 약자들에 대한 학대, 곧 사회정의를 구현하지 않은 학대가 담긴 십일조에 대한 책망과 경고였다. 온전한 십일조와 제물이 되려면 그 학대행위를 멈춰야 한다는 것을 통지했다.

교회왕들과 그 추종자들은, 온전한 십일조를 바치면 쌓을 곳이 없게 된다는 것만 야훼 말씀으로 여기지 않아야 했다. 이 책망과 경고의 말씀을 더 중한 야훼 말씀으로 여겨야 했다. 십일조파들은, 성서 본문까지도 경제논리에 의해 취사선택했고 해석했다.

둘째, 말라키는 야훼와의 언약관계 회복을 위해 성전 밖 공동체에서의 삶에 대한 참회 촉구의 목적으로 기록했다. 이 참회야말로 야훼에게로 전심전력을 다하여, 진정한 마음으로 돌아와서 바른 관계성을 맺을 수 있는 회복의 길이었다. 책망과 함께 진정한 참회를 하면서 야훼에게로 돌아와서 진정한 예배를 드리라는 야훼의 자비로우신 요구와 권고의 명령이었다. 참회에 의해 야훼와 바른 언약관계를 유지하라는 명령이었다.

야훼 백성들이 야훼에게로 돌아오는 행위는 무엇이었는가? 말라키는 십일조 헌물과 제물에 대해 언급했다. 이는 야훼 백성들이 바치기는 바쳤다는 것을 뜻했다. 하지만 그 마음에 야훼에 대한 감사와 사랑의 마음이 없었다. 이웃에 대한 사랑의 마음도 없었다. 사랑의 마음이 없는 행위는 형식 행위였다. 이를 온전하지 못한 행위라고 꾸짖었다. 온전한 십일조와 제물을 바치는 것은 먼저 사랑의 마음이 가득해야 했다. 평소, 성전 밖, 삶의 공동체에서 야훼와 이웃에 대한 사랑의 마음으로 살아야 했다. 그 사랑의 삶이 담기고 사랑의 마음이 담겨야 했다.

참회하고서 돌아오라는 촉구는 모든 예언서의 공통된 중심주제이기도 했다. 야훼에게로 진심으로 참회하며 돌아선다면, 야훼도 돌아서주겠다는 재약속이었다. 더 이상 야훼의 뜻을 어기는 짓들을 멈추고서 십일조와 제물을 비롯한 율법규례를 바르게 준수하기 위해서는 먼저 이 진실한 뉘우침이 요구된 것이다. 이 같은 통회하는 마음이 없는 것에 대해 끊임없이 지적됐다. 십일조와 제물만 들고 오는 것은 형식일 뿐이며, 시늉에 지나지 않다고 질타당했다. 그렇게 되면, 이는 형식관계와 시늉관계일 뿐이었다. 아니, 그 어떤 언약관계도 이루어질 수 없었다. 진실한 참회가 있어야 야훼가 야훼로서 다스려줄 수 있었고 언약관계가 회복될 수 있었다.

한국교회당에도 설교가 넘쳐나고 있다. 7만여 개의 교회가 적어도 일주일에 7번의 설교를 들으니, 주당 총 49만 번을 듣는다. 이를 다시 환산하면 매달 196만 번이며, 매년 2,352만 번이다. 10년이면 2억3,520만 번이며, 100년이면 23억5,200만 번이었다. 어디 이것뿐인가? 어마어마하다. 그런데도 왜 변화가 없을까. 십일조헌금 문제 하나 제대로 해결하지 못할까. 왜 다들 힘들게 살아야 할까. 경제는 점점 더 어려워질까. 무엇보다 인간들이 왜 점점 악독해질까. 특히 책망과 참회를 왜 싫어할까. 귀를 즐겁게 해주는 말, 범죄행위를 감춰주는 말, 복 받는 말만 좋아할까. 참회 충만이 은혜의 비결인데도 왜 참회를 잘 하지 않을까. 그러니 야훼의 뜻을 잘 알 리가 없다. 십일조헌금이 야훼의 뜻이 아닌데도 지금까지 경제적인 복을 달라며 열심히 바치기만 했다. 야훼벗들이 참회에 의한 변화가 없으니 한국사회가 달라질 수 없다.

셋째, 말라키는 야훼와의 언약관계 회복을 위해 야훼 백성들이 통회하고 돌아서서 참된 거룩한 예배자가 된다면, 야훼도 야훼가 되어주고, 야훼의 통치권으로 다시 다스려주겠다는 메시지를 기록하려고 한 것이 그의 기록 목적이었다. 참회-돌아섬-야훼의 샬롬통치! 이같은 구도관계가 성립되면, 거룩한 언약관계성, 사랑의 언약관계성이 회복된다는 희망 있는 약속 메시지였다. 말라키는 야훼 백성들의 문제점만 지적하고 책망과 경고 메시지만 전하지 않았다. 해결 메시지, 치유·회복 메시지, 희망 메시지도 같이 기록하려는 목적이 있었다.

이 기록 목적에 의해, 말라키는 언약관계를 상기시키고자 의도적으로 언약언어로 기록했다. 그래서 오경언약법의 언약언어들을 사용하여 기록했다.

그러기에 말라키서의 기록 목적은 '언약신앙' 이었다. '십일조' 가 기록 목적이 아니었다. 그렇다면 '말라키서' 가 아니라 '십일조서' 라고 했을 것이다. 십일조보다 야훼와의 언약을 더 상기시키고자 했다. 야훼 백성들의 정체성에 대해, 곧 야훼와 언약관계에 있는 언약공동체 사람들이라는 점을 일깨우려고 했다. 그래서 본문 시작부터 야훼의 언약적 불변의 사랑으로 기록을 시작했다(1:2). 십일조를 강조하기 위함이 아니었다. 야훼는 맺은 언약을 신실하게 지키는 분이니, 언약공동체 회복을 위해서는 현재의 거룩하지 못한 상태에서 먼저 돌아서라는 것이었다.

참회는 없고 10%만 강조하는 것은 말라키의 의도에서 벗어난 것이다.

＊ 말라키 예언서의 수신 대상자에 대한 오해

석의 과정에서 수신 대상자가 누구인가를 아는 것도 원래의미를 이해하는 데 매우 중요하다.

말라키가 전달하려고 한 수신 대상자들은 누구였는가? 야훼를 멀리 떠난 탕자들이었다. 비온전한 예배자들이었다. 심한 책망을 받아야 할 자들이었다. 야훼의 심판이 카운트다운에 들어간 대상들이었다.

그런데도 이 같은 책망받는 대상을, 축복받는 대상으로 둔갑시킨 것은 도대체 무슨 이유에서인가? 한국에는 축복의 용광로가 있어서 뭐든 다 '축복'으로 변한다는 뜻인가?

말라키의 메시지 수신자들이 누군인가를 제대로 생각했다면 야훼 앞에서 옷깃을 여며야 했다. 야훼의 마지막 호소문이었고, 마지막 책망 메시지였으며, 마지막 회복 기회를 준 메시지였기 때문이다. 그러니까 이 구절은 '골칫거리들'에게 전해진 메시지였다. 부끄러워해야 할 자들이었다. 야훼로부터 단절되는 위기상황에 놓인 대상들이었다. 신실한 사람들이라서 그 신실함에 대해 야훼가 복을 시여하는 그런 보상의 대상이 아니었다—하긴 책망을 듣고서 야훼와 바른 언약관계성이 형성된다면 복된 자가 되긴 된다.

* 원래의미의 오해에서 비롯된 십일조 날조
** 온전한 십일조?

본문 3장 10절의 '온전한 십일조'에 대한 오해가 심각했다. 교회 왕들이 야훼도 요구하지 않은 정확한 10%가 '온전한 십일조'라고 우겼고 요구했기 때문이다.

'온전한 십일조'를 요구했다는 것은, 야훼 백성들이 '온전하지 못한 십일조'를 드렸던 것이 분명했다. 그러므로 온전하지 못한 십일조가 무슨 의미인지 확인해야 한다.

말라키가 말하는 온전하지 못한 십일조란, 정확한 수치 10% 미만을 뜻하지 않았다. 그가 말하는 온전하지 못한 십일조란, 첫째, 평소 성전 밖, 언약공동체에서 야훼와 이웃에 대한 태도·동기의 비온전함을 뜻하며, 둘째, 이 비온전한 태도·동기에 의한 삶의 비온전함을 뜻하며, 셋째, 그런 비온전한 태도·동기 및 비온전한 삶을 담은 채 성전에 와서 드리는 십일조의 비온전함을 뜻했다. 이는 야훼를 속이는 행위였다. 위선과 가식이 담겨 있었다. 거룩한 마음, 사랑의 마음이 담기지 않았다(2:2). 수직·수평 언약관계성이 깨어진 상태라서 회복이 필요한 비온전함이었다.

따라서 온전한 십일조를 이행한다는 것은, 지금까지 야훼의 뜻에 순종하지 않은 비온전한 태도·동기윤리를 버려야 하는 것, 비온전한 태도·동기로 살았던 비온전한 삶을 버려야 하는 것, 그런 비온전한 태도·동기 및 삶을 담은 비온전한 십일조 이행을 버려야 하는 것이 야훼의 뜻에 합당한 온전한 십일조를 드리는 행위였다.

이는 십일조뿐 아니라 모든 율법규례를 준수할 때도 요구됐다.

야훼 백성들의 이와 같은 '비온전성' 행위에 관해 3장 5절에서 구체적으로 대표적인 몇 가지가 기록되어 있다. 특히 말라키는 이 행위들에 대해 분사형으로 기록했다. 이는 야훼 백성들의 비온전성 행위가 '습관성'이었음을 강조하고자 했다. 일상생활에서 고의적·의도적·반복적·습관적으로 자행했다는 뜻이다. 그러니까 야훼 백성의 비온전성 행위가 어쩌다가 저지르는 실수가 아니라, 밥 세끼 먹듯이 일상생활화 된 행위였다는 충격적인 보도였다.

따라서 말라키서 3장 10절의 '온전한 십일조'의 의미를, 소득세처럼 정확한 10%로 바치는 행위라는 억지 주장을 더 이상 하지 않아야 한다. 아브람의 십일조든 율법의 십일조든 정확한 10%를 뜻하지 않았다. 더구나 야훼가 정확한 10%인가 아닌가를 확인하셨는가? 성서 어디에도 그런 기록이 없다. 제사장도 확인하지 않았다. 그 많은 양을 계산하다가는 일 년 내내 다른 일을 할 수 없었을 것이다.

야훼가 인간들의 진정성 정도를 왜 파악하지 못하겠는가? 야훼에게로 돌아섰는지 아닌지 그 정도를 왜 판별하지 못하겠는가? 온 천지, 온 우주의 것이 다 야훼의 것인데, 비교조차 되지 않는 인간이 바친 것이 10%인가 9%인가를 따졌겠는가?

그래서 '온전한 십일조'라야 야훼가 받으실 수 있는 예물이었다. 반면 비온전한 십일조에 대해서는 야훼가 거부하는 제물이었다. 이 야훼의 거부는 예배 거부를 뜻했다(레26:31). 진정한 예배는 성전 밖에서부터 시작돼야 했다.

오늘날 한국교회 야훼벗들은 이에수스가 십자가에서의 죽음으로 '온전한 십일조'가 되어준 시대에 살고 있다. 야훼는 그 누구라도 자기에게 나아올 때, 이에수스 외에는 그 어떤 것도 받지 않겠다고 이미 공표했다. 야훼가 제정한 새 규정이었다. 그러기에 '십일조헌금' 이라는 이 용어부터 듣기 싫으니 영원히 없애라고 한다. 한국인들의 상납 문화와 뇌물 문화의 영향을 받아서 십일조헌금이라는 명목으로 야훼에게도 돈 봉투를 주느냐고 되묻는다. 오히려 그런 불순한 동기의 돈 봉투는 필요 없으니 세상 속에서 흑심이 담긴 돈 봉투 문화나 없애라고 요구한다.

**나를 시험해보라?

'야훼를 시험해보라' 의 제대로 된 번역은 '야훼를 주목해보라' 라고 했다. 이 구절의 원래의미는 무엇이었는가?

이 야훼 말씀 안에는 야훼의 간곡함이 담겨 있었다. 야훼 백성들이 하도 말을 듣지 않자 야훼가 고통스럽다는 듯 호소하는 심정이 담겨 있었다. 참회하고 돌아오면, 그 표식으로 진정한 의미의 온전한 십일조를 바치면, 언약법에 의해 '하늘 문을 열고서 복을 쌓을 곳이 없도록 시여해주는지 아닌지(야훼가 샬롬의 주권 행사를 해주는지 아닌지)' 한 번만이라도 주목해달라는 간곡한 요청이었다. "제발 이제는 정신 좀 차리고서 한 번이라도 고개를 돌려다오!"라는 호소였다.

진정한 예배자라면, 야훼가 신실한지 아닌지, 어떤 주권적 행위를 하는지 아닌지 주목하는 행위는 불경스럽지 않다. 반면, 불순종, 가식, 거짓 등으로 야훼를 시험하는 것은 불경스럽다. 인간이 어떻게 신을 테스트할 수 있겠는가.

이는 보기 드문 야훼의 초청이며 요청이었다. 얼마나 안타까웠겠는가. "나를 주목해다오. 내가 어떤 신인지 한 번 알아봐다오. 내가 약속을 지키는지 아닌지 관심을 가지고 살펴봐다오!" 라는 것은 야훼가 자신의 인격을 내걸은 셈이다. 인간들이 지독할 정도로 돌아서지 않으니 기다리다 지친 야훼가, 당장 심판을 행하고 싶지만 참고 또 참은 야훼가 마치 마지막 호소를 하는 듯했다. 이는 분명히 약속대로 행한다는 야훼의 의지도 담겨 있었다. 그 약속 이행을 믿어달라는 호소였다.

소득의 10%를 내고서 돈이 쏟아지는지 아닌지 시험해보라는 의도는 결코 아니었다.

하늘 문을 열고 쌓을 곳이 없도록 복을 부어주겠다?

야훼벗들은 이미 '복을 부어준다' 는 말에 너무나 익숙해져 있었다. 이 복 부어주심은 유아세례 때부터 혹은 신앙생활 처음부터 들었다. 일종의 중독증세가 될 정도였다. 이제는 이 말을 듣지 못으면 '금단 증세' 까지 나타날 정도다. 이미 이에수스에 의해 복이라는 복을 다 받았으니, 복 중의 복까지 다 받았으니 그만 요구하라고 하면 손이 떨리고 혼란증세를 느낀다.

특히 위 구절은 그렇게 되는 일에 대해 결정적인 역할을 했다. 그래서 130년 동안 한 번도 빠지지 않고서 십일조헌금을 내게 한, 성공적으로 거둬들인 핵심 열쇠였다. 하늘 문이 열리어 쏟아지는 대박을 기대하면서 말이다.

과연 그렇게 됐는가? 말라키가 이 구절을 기록할 때, 한국 야훼벗들로 하여금 모두 다 부자가 되라고 기록했겠는가? 부자가 됐는가?

유의해야 할 점은, 이 구절이 각 개인에 대한 약속이 아니라는 점이다. 이스라엘 집단에 대한 것이었다. 그것도 완악한 사고뭉치들이었다. 그런데도 이들에게 책망이 더 강조된 말씀을 복덩어리로 여기고서 인생 대박처럼 여겼으니 말이다. 특정한 개인에 대한 약속이 아니라는 점에 유의해야 했다.

그림 애호가들은 그림이 뜻하는 의미가 무엇인지, 곧 화가가 그림을 통해 무엇을 말하려고 했는지에 관심을 집중한다. 야훼 백성들은 말라키서의 이 '하늘 문 보증약속' 그림이 무엇을 상징하는지 그 의미를 제대로 파악해야 했었다.

당시 야훼 백성들은 '하늘 문' 용어에 대해 잘 알고 있었다. 언약법 전승에 의해 조상 대대로 이어온 하나의 전통문화였다. 알아듣지 못하는 내용이 아니었다. 야훼는 소통을 위해서라도 그들이 잘 아는 문화적인 도구를 사용했다. 이스라엘뿐 아니라, 비이스라엘 국민들도 '하늘 문'과 유사한 '하늘 창고 문' 용어에 대한 문화적 이해가 있었다.

말라키가 이 그림언어로 표현하려고 했던 그 의미는 무엇이었을까?

말라키가 기록한 이 '하늘 문 보증약속' 그림언어에는 전제성이 있었다. 야훼나라의 왕으로서 야훼 역할을 해줄 것이니 잘못을 뉘우치고 돌아오라는, 책망과 참회를 전제로 했다. 언약공동체 꼴이 그 모양인 것과 야훼 백성들의 삶이 그 모양인 것은, 야훼와의 언약관계성이 깨어진 결과, 야훼가 다스려 주지 않은 결과, 야훼 역할을 해주지 않은 결과라는 점을 깨닫고 돌아와야 한다는 것이다.

말라키가 보았을 때 언약관계성 회복이 매우 절실했다. 그래서 본문 3장 10절 앞, 7절에서 먼저 '돌아오라' 고 했다. 깨어진 언약관계, 샬롬관계가 회복되면 샬롬으로 다시 통치하시는 은총을 받을 것이니 야훼에게로 진심을 다해 돌아오라고 했다.

한국 야훼벗들은 이와 같은 말을 들었을 때, 경제적인 번영을 뜻하는 보증약속만으로 여겼다. 또 다른 문젯거리였다. 야훼에게로 진정으로 돌아와서 야훼와 밀접한 관계성을 맺지 않는 것도 문제인데, 경제적 번영이라는 엉뚱한 발상까지 해버렸기 때문이다. 그래서 책망하는 야훼라는 사실에 대해서는 생각하지 않았다. 마치 복만 주는 야훼로 여긴 것이다. 하긴 책망도 복이지만 말이다.

그래서 말라키는 야훼가 여전히 조상들과 맺은 언약은 유효하니 진정한 마음으로 변하여 돌아오길 기다리고 있다는 것을 전했다. 성전 밖에서 가식적인 예배적인 삶을 버리고, 진실한 삶을 살겠다는 뉘우침과 결심으로 야훼에게로 돌아오라는 야훼의 초청 메시지라고 전했다. 야훼 역할을 해주는 야훼의 공동체, 언약관계 회복 공동체, 곧 샬롬공동체로 다시 세움을 받는다는 희망 메시지였다.

이처럼 온전한 십일조 이면에는 참회와 돌아서겠다는 결단이 있어야 했다. 야훼를 말로만 사랑한 잘못, 그리하여 이웃에 대해 해악을 끼친 잘못에 대해 뉘우침을 담은 십일조가 온전한 십일조였다. 따라서 '온전한 십일조' 란, 야훼의 뜻을 계시한 율법을 어긴 범법행위에 대한 자백과 야훼에게로 돌아서겠다는 참회의 결단이 그 토대였다. 야훼는 약속대로 언약의 땅을 주었지만, 70년 포로살이에서 귀환시켜 주었지만, 야훼 백성들은 감사의 표징인 십일조로 기본식량이 없는 계층과 정상적으로 나누지 않은 점도 있었지만, 야훼를 기만하는 진정성이 없는 십일조 행위가 더 심각했다. 특히 십일조 헌물과 대속 제물에 진정성이 없는 야훼에 대한 속임이 담긴 행위가 드러났던 것이다. 이는 야훼에 대한 언약위법이었다. 그런 이유로 돌아오지 않으면, 언약법에 의해 복과 저주로 처리하겠다는 경고까지 주어진 전제성이 있었던 것이다.

이처럼 말라키서의 이 '하늘 문 보증약속' 이면에는 책망·참회·희망·경고를 포함하고 있었다.

*** 언약관계 회복요구의 십일조와 제물

언약법을 보면, 야훼가 야훼 백성들의 순종과 불순종이라는 응답에 따라서, 곧 정상적인 혹은 비정상적인 언약관계성에 의해 '복과 저주'가 임한다는 조항이 반복적으로 기록되어 있다. 복 혹은 저주란, '관계성 언어'였다. 야훼와의 언약관계성이 지속적으로 유지되는 것이 복이며, 단절되는 것이 저주였다.

이에 대해 오경의 언약법에서는 다양한 방식으로 보증했다. 그 대표적인 조항들이 "너희가 순종하면, 모든 복을 받을 것이며, 광주리와 반죽그릇도 복을 받고, 들어가도 복을 받고, 나가도 복을 받고, 이 복을 천대까지 베풀겠다."라는 보증약속이었다. 이는 야훼와 정상적인 언약관계성을 유지할 때, 그 유지에 의해 야훼가 다스려 주게 될 때 나타나는 것에 대한 표현이었다. 곧 언약관계가 다시 정상화될 때, 우주를 포함한 모든 영역에 그 어떤 부족함이 없는 온전함으로 가득한 샬롬이 이루어진다는 것에 대한 표현이기도 했다.

이 샬롬의 보증약속에 대해 당시 사람들은 무엇에 대한 그림언어인지 잘 알고 있었다. '광주리와 반죽그릇이 복을 받는다.'는 것이나, '하늘 문이 열리고 쌓을 곳이 없을 만큼 부어준다.'는 것이나, '메뚜기들이 땅의 수확물을 망치지 못하게 한다.'는 것이나, '포도나무가 열매 맺지 못하게 하는 일이 없을 것이다.'는 표현이 무슨 의미인지 소통이 가능했다. 그 당시는 농경사회였기에 소통이 가능한 농경산업 용어들로 표현했던 것이다. 이는 인간을 다루는 야훼의 방식이었다. 인간들이 가장 잘 알아들을 수 있는 인간 세계의 문화 방식을 차용하여 그것으로 소통하고자 했다. 그래서 현대인들과는 달리, 말라키 시대의 야훼 백성들은 실제로 광주리 안에 금덩어리가 쌓인다는 의미로 이해하지 않았다. 또한 하늘에 한국은행처럼 돈을 찍어내어 이 땅에 쏟아부어 주는 '하늘 문'이라는 특별한 문이 있다는 뜻으로도 이해하지 않았다. 관계성 언어로 이해했다. 말라키도 관계 회복을 요구하고자 야훼 백성들이 잘 알고 있는 언어들로 기록했던 것이다.

그런데 말라키 시대의 야훼 백성들보다 훨씬 더 진보된 문화시대 속에 사는 현대인들이 이에 대해 오해한다는 것은 정말이지 역설 중의 역설이다. 그것도 미신과 기복주의로 허황된 꿈을 가지게 하는지 알 수 없는 일이다. 관계 회복은 어디로 사라지게 했는지, 받을 복만 쳐다보는 것이다. 야훼가 어떻게 생각했을까.

그러므로 이 '하늘 문 보증약속'은 무엇에 대한 그림언어인지 숙지할 필요가 있었다.

이 세상살이에서 '모든 복, 들어와도 복, 나가도 복, 광주리에도 복, 반죽그릇에도 복, 천대까지 베푸는 복'과 같은 복이 무엇을 뜻했는가? 들어와도 복을 받고 나가도 복을 받는다? 정말 들어올 때마다 무슨 복이 쌓였는가? 오늘날의 문화 방식으로 말하면 은행 잔고가 계속 쌓여간다는 말인가? 신발장에 신발이 금신발로 다 변한다는 것인가? 천대까지 정말 복을 베풀었는가? 그 증거는 무엇인가? 천대 중간에 우환과 사고가 발생하는 것은 무슨 이유인가?

그런데 천대까지는 아니라도 이삼 대까지라도 아니, 일 대라도 힘들게 살지 않다면 얼마나 좋을까. 야훼의 약속은 일 대에 대해서조차 왜 이뤄지지 않는가. 아브람에게도 '자손이 하늘의 별처럼, 바다의 모래알처럼 증가한다.' 라고 했지만 아직도 그 수는 이 표현 그대로가 아니다.

말라키는 언약관계 회복을 요구하는 야훼의 뜻을 전달하고자 했다. 그래서 야훼 백성들이 익히 알고 있는 관계성 언어로 기록했다. 이 관계 회복에 대한 구체적인 예가 온전한 십일조와 제물로 예배하는 것이었다. 야훼와 온전한 언약관계성은 없는데, 쌓일 곳이 없는 복만 바라는 것처럼 불경한 짓을 없을 것이다.

*** 야훼의 주권 행사 표현으로서의 복과 저주

이 언약관계 회복은 야훼의 주권 행사로 회복될 수 있었다. 그래서 이 그림언어는, 야훼가 야훼나라의 왕으로서, 야훼 역할과 야훼의 주권 행사에 의한 언약관계가 회복될 때 일어나는 것에 대한 상징이었다. 곧 복과 저주는 야훼의 주권 행사에 의해 일어날 수 있는 그림언어였다. 야훼 역할과 야훼의 주권 행사는 어디 '하늘 문' 뿐이겠는가. '바다 문' 까지도 열 수 있다. 말라키도 두 곳의 문을 다 열 수 있다는 표현도 할 수 있었다.

이 영역은 인간들이 육하원칙과 같은 것에 의해 확인할 수 있는 영역이 아니었다. 왜냐하면 야훼의 주권 행사에 의한 그 결과는 야훼의 주도권과 자유권 및 필요성에 의해 나타나기 때문이다. 언제 어떤 방식으로 일어나는지 아무도 예측할 수 없다. 시간적으로 먼 미래일 수도 있었다. 실제적으로 시여되는 어떤 구체적인 것들은 야훼가 주권 행사에 의해 시여한다. 따라서 이 표현은 그 주권 행사 그 자체에 대한 표현이었다. 마치 기도 응답이, 즉답, 무응답, 변답, 체답 등으로 응답되는 경우와 같다. 야훼만의 권한, 주도권과 자유권 및 필요성에 의해 응답한다. 반면, 기도에 대한 보증약속은 "무엇이든 구하라."라는 표현으로 주어졌다. 그래서 야훼 백성들은 야훼나라의 왕에게 아뢸 뿐이다. 무슨 선물을 줄 것인가에 집착하지 않는다. 당장 응답해야 한다며 떼를 써봐야 소용없다. 이러한 것들은 야훼의 주권 행사 후에나 알 수 있었다. 그러기에 온전한 십일조를 바쳤다 하더라도 항상 반드시 구체적인 어떤 언약의 복이 임하지 않을 수도 있었다. 질병에 걸릴 수도 있었고, 우환에 직면할 수도 있었다. 국가적 위기가 찾아올 수도 있었다. 그 결과는 야훼의 고유 권한에 의한 주권적 행위에 달려 있었다. 이 구절은 바로 언약관계를 회복시켜 주는 야훼의 주권 행사에 대한 그림언어였다.

따라서 이 구절은 단순히 십일조와 관련되지 않았다. 10%인가 아닌가에 의해 복과 저주가 임하는 표현이 아니었다. 온전한 십일조, 곧 예배자의 거룩한 마음과 거룩한 삶이 담긴 거룩한 십일조와 관련된 표현이었다.

야훼벗들이 항상 선물에만 관심이 있다면 어떻게 되는가? 오히려 초점은 언약관계를 회복시켜 주는 야훼의 주권 행사에 있어야 했다. 주권 행사 방식으로 표현하면서 그와 같은 야훼 역할이 있을 것이니,

돌아와서 바른 관계를 맺으라는, 야훼의 주권 행사에 의한 통치 아래 있으라는, 야훼의 간절한 호소의 마음을 그린 그림언어였다. 십일조헌금이라는 돈을 내면, 그 돈이 종잣돈이 되어서 몇 배로 증가하는 그림언어가 아니었다.

따라서 말라키서 3장 10절의 핵심은 십일조가 아니었다. 야훼 백성들의 변절과 그 변절에 대한 중단, 책망과 경고, 통회, 야훼와의 언약 기억, 거룩한 언약관계 정상화 및 회복이 중심 열쇠였다. 이에 대한 '표식'으로 정상적인 십일조 헌물과 제물 이행을 요구했다. 십일조 헌물은 진정성이 있는 태도로 중앙성소 창고와 지역 창고에 가져가는 관계성을 회복하라는 요구였다. 그러할 때 야훼도 야훼 역할, 야훼로서의 주권 행사에 의해 언약관계가 회복되는 응답을 해주겠으며, 그 응답의 '표식'으로 '하늘 문 보증약속'이라는 그림언어로 기록된 것이다. 이 무제한적인 수확물의 표현 역시 야훼 역할에 대한 표현이었다. 에덴에서의 샬롬 회복 그림이었다.

그런데도 야훼는 없고, 야훼와의 언약관계성은 없고, 복만 쏟아지길 기대한다는 것은, 말라키의 기록의도를 미신화, 민간신앙의 기복주의화, 속물주의자들의 물질화로 지향한 불결한 의도였다.

*** 근원복과 부차복

복에 대해 오해가 많다는 것도 또 다른 문제다. 말라키서의 '하늘 문 보증약속'에 대한 복 이해도 심각할 정도였다. 10%를 바치면 셀 수 없는 경제적인 복을 받는 것으로만 여겼다. 돈 따먹기 하는 데까지 추락했다. 투자금을 내면 그 이상의 이익을 얻는 성공적인 투자방법처럼 간주했다.

원래, 복과 저주는 고대 근동의 이방종교에서 사용하던 '마법적 효력' 용어였다. 이방종교 처벌법에는 약속을 어길 경우 당장 마법을 걸어 처벌하는 게 저주였다. 야훼는 달랐다. 아담에게도 즉시 저주를 받아 죽을 것이라고 했지만 930세까지 살게 했다. 복도 마찬가지다. 당장 쏟아부어 줄 것처럼 표현됐지만, 야훼의 주도권, 자유권, 필요성에 의해서 시여됐다. 그러니 복과 저주가 마법적 효력처럼 당장 주어지는 것으로 여기지 않아야 했다. 이는 야훼의 의도를 무시하는 행위였다.

그래서 복과 저주는 야훼가 요구한 윤리적 행위와 직접 연결돼 있었다. 참된 복은 야훼를 신뢰하며 희망을 두는 인격적인 관계, 이 관계성 유지행위, 야훼에게서 죄를 사함 받아 거룩해지고 야훼의 뜻을 알고 예배하고 경외하며 순종하는 게 복이며, 바로 그때에 언약관계성이 회복되며 야훼의 주권 행사권에 머물게 되는 것이 복이었다. 그래서 복은 '무릎을 꿇는다.' 라는 어원 단어와 관련도 있다. 야훼와의 언약관계성이 회복되어 야훼의 주권 행사 안에 있게 되는 것은, 모든 복을 받아서 잘사는 데에 있는 것이 아니라, 책임과 의무를 이행하기 위함이었다. 이 책임과 의무에 의해 지속적인 언약관계성 안에 머물게 되는 것이 복이었다. 반면, 저주는 야훼와의 언약관계성이 단절되는 그 자체를 말하며, 거스를 때, 경외하지 않을 때, 거룩하지 않을 때 이미 저주가 임한 것이었다. 복과 저주는 관계성 언어, 야훼와의 언약관계성이 어떻게 된다는 것이다. 그래서 특정한 개인에게 특정한 메시지가 주어지는 특별한 경우를 제외하고는, 언제 어떤 방식으로 임하는지 아무도 모른다. 복으로 보였던 게 저주일 수 있고, 저주로 보인 것이 복이 될 수 있는 유동성도 있다.

우리말 성서에 '복'이라는 용어로 번역하여 사용하는 것부터가 명쾌하지 못한 면이 있다. 이 용어가 전통적인 토속신앙에 깊이 자리 잡은 용어며, 한국의 야훼벗과 비야훼벗 모두에게 부정적인 영향력을 주었기 때문이다. 그 중심에는 좋은 것들만 복으로 간주하는 그릇된 복 개념이 놓여 있어서다. 이 복 사상이 한국인들의 사상에 보편적으로, 널리, 깊이 뿌리내린 것은, 국내외적으로 겪는 말로 다 할 수 없는 고난과 고통 등 삶의 문제들에 의해서였다. 붙들고 의지할 수 있는 것이란, 현세(이 세상) 너머 저 세상이 내려줄 수 있는 좋은 운수만을 기대할 수밖에 없었다. 반면, 삶의 문제들을 해결하려는 도전, 개척 정신, 나아가 책임 있는 윤리적인 삶은 결여됐고, 소극적 안일주의에서 헤어나지 못했다. 그저 '한'으로 여기고서 통곡만 했다. 공동체를 섬기라고 은사와 특권을 받은 이들은 출세지향주의로 향했다. 그들만의 특권층을 형성하여 자기들끼리만 잘 살려고 했다. 정상적인 방법으로 불가능하면 비정상적인 방법까지 총동원했다. 그 결과, 국가공동체 안에 고난과 고통의 문제는 여전히 미해결 과제로 남았고 후손들에게 전가된 것이다. 토속신앙이 심어놓은 복의 영향이었다.

하지만 야훼나라는 고난과 고통도 복으로 간주한다. 충격적이지 않는가? 누가 고난과 고통을 복으로 여기겠는가? 그러니 그릇된 복 추종자들은 심지어 고난과 고통을 '원수'처럼 여긴다.

원래 복은 복 근원자·시여자 입장에서 생각해야 했다. 이는 '근원복'이었다. 근원복은, 야훼 자신을, 그리고 야훼와의 바른 관계성을 뜻했다. 이처럼 복에도 내면성이 있었다. 반면, '부차복'은 근원복에서 비롯되는 복을 말했다. 따라서 부차복은 엄밀히 말하면 복이라 할 수 없다. 먼저 근원복(야훼와의 관계성)이 성립되지 않으면 존재조차 할 수 없어서다.

성서에는 이 부차복에 대해 다양한 언약 형태와 공표 형태로 표현됐다. 야훼와 야훼 백성 사이의 언약관계 상황 안에서 표현됐다. 그러다보니 이 표현 이면에 있는 주된 요소, 근원복을 놓치기가 쉽다. 또한 부차복은 인간의 필요성이나 간구와도 무관하다. 반드시 지금 이 시점(현재)에 즉시 이루어지는 것이 아니었다. 무시간적이었다. 그러기에 부차복에 관한 표현은 반드시 근원복의 관점에서 이해해야 했다.

문제는 사람들이 이 부차복을 진짜 복으로 여기며, 이 복에 대해서만 매달린다는 점이다. 여기서부터 왜곡된 복 늪에 빠져들기 시작한다. 근원복을 무시한 채, 부차복을 물질화 해버리니 근원복은 설 자리가 없다. 이는 야훼와 야훼와의 언약관계성에서 멀어지는 행위였다.

복과 저주는 이 근원복과 관련돼 있었다. 곧 야훼와의 관계성이 끊어진 그 상태가 저주며, 관계성이 회복되어 지속되는 것이 참된 복이었다. 사람이 살다보면 병에 걸리기도 하고 시련에 직면하는 것은 지극히 자연스러운 일이다. 이런 것을 보고 저주가 임했다고 하는 것이 저주다. 또 정반대로 건강하기도 하고 좋은 일을 만나기도 한다. 이런 경우만 복이 임했다고 하는 것도 저주다. 실제로 어떤 것을 복이라고 여겼는데 화근이 되는 경우가 있지 않는가. 좋은 일과 궂은 일, 무병과 질병과 함께 걸어가는 것이 인생이다. 야훼가 종말의 최절정이 올 때까지만, 창조세계와 구원계획 안에 둔 삶의 길이다─물론, 세상 속의 고통과 악을 제거하거나 줄어들게 하는 소임은 주어져 있다.

그러므로 삶 속에서 일어나는 크고 작은 것들을 '복과 저주'의 공식으로 쉽게 단정 짓지 말아야 한다. 언제 어떻게 돌변할지 아무도 모르기 때문이다. 십일조헌금에 의한 어떤 결과에 대해서도 바른 생각을 할 수 있어야 한다.

교회왕들은 왜곡된 복과 저주를 노렸다. 근원복 그 자체를 혹은 근원복과 부차복 사이의 관계는 무시해버렸다. 십일조헌금을 내면 들어가도 복을 받고, 나가도 복을 받을 수 있다고만 했다. 이 말은, 집 출입문을 열기만 해도 천정에서 돈뭉치가 떨어지는 것처럼 가르친 것이다. 그것은 야훼를 돈의 야훼, 마법의 야훼로 만드는 행위였다.

과연 야훼가 하늘 문을 열고서 복을 쌓을 곳이 없게끔 부어주신다는 것은 무슨 복이었을까? 야훼 백성들이 온전한 십일조를 비롯한 온전한 율법규례를 준수한다면 야훼 역할과 야훼의 주권 행사가 있을 것임을 뜻하는 표현이었다. 이 주권 행사는 반드시 이 보증약속에 의해서만 행사되지 않았다. 야훼 백성이 아닌 사람에게도 이와 같은 혹은 그 이상의 어떤 구체적인 좋은 것들을 시여하기 때문이다. 그들이 야훼를 모른다고 해도 말이다. 야훼와 아무런 관계성이 없다고 해도 시여하는 경우가 있다. 그러므로 지폐가 방 안에 가득히 쌓인다는 보증약속의 표현이 있더라도 야훼를 기억해야 하고, 야훼를 바라봐야 하며, 야훼와의 '관계성 안'에 있는지, 야훼의 주권 행사에 의한 통치를 받고 있는지에 관심을 둬야 한다. 야훼를 잊어버린 채, 지폐가 가득한 '방 안'에만 있고자 하지 말아야 한다.

모쉐도 가나안 땅에 대해서 '우유와 꿀이 흐르는 땅'이라는 그림언어로 표현했다. 실제 그 땅에 우유와 꿀이 넘쳐흐르는 큰 강이 있었던 것은 아니었다. 야훼 백성들과 소통하기 위한, 그들의 눈에 익숙한 그림언어, 농경사회적 용어로 지상 풍요에 대한 상징적 표현이었다. 이 상징적 표현에는 눈에 보이는 가시적인 것, 손에 잡히는 유형적인 것만이 아니라, 불가시적이며 무형적인 것도 내포돼 있었다. 이는 우리의 일상생활 속에서도 발견할 수 있는 상징적 표현방법이다. 구체적으로 이루어지는지 아닌지(어떤 결과)에 대해서는 상관없이 어떤 목표를 향해 나아가게 하고자 '가장 좋은 것들'이라는

상징적인 표현들이 있듯이 말이다. 이 '가장 좋은 것들' 이 무엇인가
는 시대마다 다를 수 있었다. 농경사회에 속했던 가나안 생활에 대
해서는 '우유와 꿀이 넘쳐흐르는 것' 이라는 농경사회적 용어로 표
현했고, 이 표현은 '가장 좋은 것' 에 대한 상징적 표현이었다.

결국 말라키가 의도한 것은 10%에 의한 대박이 아니었다. 십일조
헌금 10%를 바치기만 하면 곧바로 하늘 문이 열린다는 뜻이 아니었
다(이에수스 안에서 이미, 그리고 영원히 하늘 문이 열려 있어서 십일조가 필
요하지 않다). 근원복이 되는 야훼와의 바른 관계성이 더 중요했다. 이
는 야훼가 주권을 행사할 때, 바른 관계성에 의해 통치권 안에 들어
올 때의 어떤 특징을 묘사했다. 이 언약언어 표현은 어떤 결과가 중
심이 아니었다.

그런데도 십일조헌금으로 뭔가를 얻고자 하거나 흥정하려는 의도
가 있다면 어떻게 되겠는가? 온전한 십일조가 될 수 없었다. 이는 무
엇을 주고 무엇을 받는, 마치 투자금을 내면 상당한 이익금을 받는
다는 경제적인 결과만을 추구하는 데로 변질될 수 있었다.

지금까지 십일조헌금을 바쳤는데도 그 결과는 어떠한가? 과연
모두 다 부자가 되었는가? 국가의 복지정책과 연금정책에 의해 그
나마 편안한 삶을 사는 것인지, 정말 십일조헌금의 덕분인지 구별이
라도 해봤는가? 십일조헌금을 바치지 않는 사람들이 더 부유한 것
은 무슨 이유인가? 그들이 부자가 된 비결은 무엇인가? 십일조헌금
이 더 이상 위력이 없는 것인가 야훼가 무능한 신인가? 오늘날 한국

경제나 세계경제가 이렇게 어려워진 것은 십일조헌금을 정확히 낸 사람이 한 명도 없어서인가? 단 1%라도 떼어먹지 않고서 정확히 계산하여 십일조헌금을 냈는데도 무엇이 문제라서 여전히 먹고사는 게 어려운가?

온전한 십일조와 대속 제물이신 이에수스

이에수스 안에서 하늘 문이 이미 열려 있었다. 하늘 성자가 이 땅에 파송 받아 왔기에 쌓을 곳이 없는 복이 이미 임했던 것이다. 그가 십자가에서의 죽음과 부활에 의해 참된 온전한 십일조와 온전한 제물이 되어 주었기에 더 이상 야훼 앞에 들고 갈 것이라고는 아무것도 없게 된 것이다. 이보다 더 온전한 복은 없다. 야훼벗들은 이미 최상의 복, 온전한 복, 복 중의 복 안에 있었다. 모든 복이란 복은 다 주어졌다. 받을 복이란 복은 다 받았다. 이미 이에수스 안에서 '부자'가 됐고, '백만장자'가 된 것이다. 이제는 복을 받으려 하지 말고 복을 누리려고 해야 했다. 하늘 문과 비교할 수 없는 분 안에 있어서다. 그분 안에 있다는 것은 밀접한 언약관계성 안에 있다는 뜻이다. 야훼의 샬롬 주권 통치권 안에서 지속적으로 다스림을 받고 있다는 뜻이다. 이것보다 더 귀중한 복이 어디 있겠는가.

모든 영역, 전 우주적 영역에 대한 샬롬의 복이 임했는데도, 십일조헌금을 바치면서 왜 또 다른 복을 찾으려고 했던가. 십일조헌금을 내면서 쌓을 곳이 없을 정도의 복을 자꾸 달라고 하니 이미 복이란 복을 다 준 야훼가 어떠하겠는가. 오히려 이 행위야말로 도둑행위가 아닌가. 야훼는 자신을 돈 찍어내는 한국은행 총재로 만들려고 하는지 반문하고 있다. 한국은행 외에 그 누구도 돈을 찍어내지 못한다. 위폐라도 만들어 하늘에서 쏟아부어 주기를 바라는가? 이는 야훼를 인장위조죄, 통화위조죄 범법자로 만드는 행위였다.

이미 이에수스 안에서 '만사형통'를 누리고 있으니 더 이상 십일조헌금으로 그런 복을 기대하지 않아야 했다. 십일조헌금을 내지 않으면 '만사불통'이 된다는 말은 사기범들의 꾐이었다. 한국은행이 지금까지 찍어낸 모든 돈으로도 살 수 없는, 죽음마저 초월하는 영원한 이에수스의 생명 안에 있어서다. 십일조헌금을 한 번도 떼어먹지 않았는데도 병에도 걸렸고 갖가지 고난과 고통 속에도 있었던 것이 바로 만사형통의 허위성을 입증해준 것이다. 질병, 고난, 고통은 십일조헌금과 상관없이 누구에게든 찾아올 수 있는 '하늘 문 선물'이다.

교회왕들의 말대로라면 더 이상 그 어떤 일조차 할 필요가 없게 된다. 십일조헌금으로 부자가 된다면 먹고사는 게 다 해결되기 때문이다. 딱 한 번만이라도 제대로 된 10%를 바치면 단번에 복이란 복이 다 쏟아진다고 하니까 말이다. 몇 사람이라도 그렇게 하면, 세계 70억 명을 다 먹여 살릴 수가 있고, 다들 일할 필요가 없는 시대가 올 수 있다. 그렇다면 한국경제와 세계경제가 이렇게 어려운 것은 십일조헌금을 제대로 내지 않아서인가? 모든 가난의 원인이 십일조헌금 때문인가? 그렇다면 아무도 십일조헌금을 제대로 내지 않았다는 뜻이 된다. 모두 다 십일조 도둑이라는 뜻도 된다.

십일조헌금을 제대로 바치려면 이스라엘 땅으로 가야 한다. 거기서 성전과 창고를 다시 세워야 하고, 레위인과 제사장도 다시 세워야 한다. 한국에서는 십일조헌금을 정상적으로 드릴 수 없다. 어디 그뿐이겠는가. 제사장에게 십일조를 주지 않은 레위인들을 사형까지 시켰다. 오늘날에도 십일조헌금 불이행자에 대해 누가 누구를 사형시켜야 하는가?

이 모든 불가능한 일을 하게끔 요구하지 말고, 그 요구를 노예처럼 따르지도 말고, 거룩한 사랑의 언약관계성을 회복하는 복을 누릴 수 있어야 한다.

말라키는 '하늘 문 보증약속'이 야훼가 다시 주는 희망의 기회라고 했다. 교회왕들과 야훼벗들에게 다시 기회가 주어졌으니 십일조헌금에 대해 냉철한 반성과 결단이 있어야 한다.

1. 말라키서의 십일조에 관한 원래의미는 무엇인가?

2. 말라키서의 십일조 본문을 오늘날의 십일조헌금의 근거라면서 그릇되게 사용한 주된 원인은 무엇인가?

3. 말라키서의 십일조 본문에 대한 오용을 고려할 때, 우리는 성서 본문을 어떻게 이해해야 하는가?

4. 말라키가 십일조 본문을 기록한 목적은 무엇이라고 생각되는가?

5. "① 온전한 십일조를 바치면, ② 하늘 문을 열고 쌓을 곳이 없는 복을 부어주신다"에서 각기 그 의미가 무엇인가?

6. 야훼벗들은 이에수스 안에 있다. 말라키서의 십일조 본문이 근거라며 요구하는 십일조헌금을 거부할 수 있는가?

7. 말라키서 3장 8-10절 말씀에 대한 경험담이 있다면 나눠보자.

제3부

한시적·폐기적
십일조

새로운 구원시대가 열린 것이다.

한시적·폐기적 십일조

"화 있을진저, 외식하는 서기관들과 바리새인들이여, 너희가 박하와 회향과 근채의 십일조는 드리되, 율법의 더 중한 바 정의와 긍휼과 믿음은 버렸도다. 그러나 이것도 행하고 저것도 버리지 말아야 할지니라."(맛사이오스복음 23장 23절)

말라키 예언자가 활동한지 약 4백년 후, 야훼는 성자 이에수스를 이 땅에 파송했다. 자기 자신과 다를 바 없는 분이었다.

이 파송은 야훼의 새로운 구원 계획이었다. 구약 율법규례들을 종결시키는 파송이었다. 새로운 구원시대가 열린 것이다. 자연스레 십일조규례를 비롯한 율법규례에 대한 근본적인 변화가 일어났다. 율법규례의 '본질'은 새 시대 안으로 이입되고 그 '형식'은 폐지되는 획기적인 변화였다. 그래서 더 이상 가축으로 제사를 드리지 않게 됐다.

이에수스의 사역은, 율법 시대의 그 모든 제도를 대신하며, 대체하는, 비교할 수 없는 탁월한 사역이었다. 이 사역은 이에수스 공생애와 함께 시작됐지만, 그 최절정은 죽음과 부활 사역에 의해 완성됐다. 십일조를 비롯한 모든 율법규례들이 폐기된 것은, 이에수스가 '온전한 십일조 헌물, 온전한 대속 제물'이 되어주었기 때문이다.

매일 매 순간, 삶이란 이 놀라운 구원 사역을 기리는 기림잔치의 연속이었다. 교회공동체도 기림잔치 공동체로 변해야 했다. 구약의 그 어떤 규례도 사용할 수 없게 됐고, 영원히 소멸됐기 때문이다.

그런데도 어떤 이유로 십일조 하나만 한국교회당 안에 아직 살아있는가?

성서 본문 맛사이오스복음 23장 23절은 이에수스가 십일조에 관해 하신 말씀이었다. 교회왕들은 이 본문이 명백한 근거라며 십일조헌금을 요구했다. 이에수스의 명령이라며 그의 이름으로 요구했다.

하지만 조금만 진지하게 살펴보면, 여러 측면에서 십일조헌금의 근거가 아님을 알 수 있었다. 더구나 일요일 11시부터 시작되는 예배시간에 십일조헌금을 드리는 것과도 전혀 관련이 없었다.

23장 23절의 대상이 누구였는가?

이에수스가 한 이 말씀을 명확히 이해하기 위해서는 반드시 본문 대상이 누구인지를 확인해야 했다. 이 23장 23절의 대상은 이에수스의 제자들이 아니었다. 유대교를 유일한 종교로 믿는 바리새파들과 필사관들이 그 대상이었다.

그들은 '스스로' 잘 믿는 방법을 모색했다. 그래서 구약 율법을 재해석하여 더 세분화한 시행령과 시행규칙은 물론, 판례집까지 만들었다. 야훼가 요구하신 것이 아니었다. 이 같은 것들 중, 탈무드의 핵심인 미쉬나가 있었다. 미쉬나는 생활 전반에 세부적인 실행조항을 만든 것이었다. 이 조항에 23장 23절에 기록된 박하, 회향, 근채의 십일조도 포함되어 있었다.

박하, 회향, 근채는 채소였다. 1세기 이스라엘 사람들이 조미료·의약품·향료로 사용하던 채소였다. 바리새파들과 필사관들은 율법을 철저히 지킨다며 집에 있는 작은 정원에 주로 조미료로 재배하던 이 세 가지 작은 채소의 십일조까지 바쳤다. 그렇지만 이는 구약 율법보다는 미쉬나의 교훈을 따른 것이었다.

곧 23절 십일조는 구약의 십일조 규례가 아니었다. 유대교가 구약 율법을 근거로 더 세분화하여 만든 유대교 규례였다. 율법이 요구하지 않는 별도의 십일조 규례였다. 특히 유대교 삼마이 학파들이 이와 같은 행위에 더 철저했다. 경쟁 관계에 있던 힐렐 학파들보다 더

경건함을 보이려는 의도였다. 그러기에 미쉬나가 구약 율법을 근거로 하여 만들었다고 하더라도, 미쉬나는 구약 율법과 동등한 권위가 있지 않았다. 또한 이에수스는 공생애 기간에, 구약 율법조차 제대로 준수하지 않는 자들의 미쉬나에 의한 병폐를 더 목격했다. 따라서 책망과 경고를 하는 정황에서 미쉬나에 의한 십일조 행위를 지지해줄 이유가 없었다.

교회왕들은 본문 대상이 누구인지 살피지 않았다. 그런 것은 중요하지 않았다. 십일조헌금이 중요했을 뿐이었다. 그래서 이에수스가 제자들에게 하지도 않은 명령, '십일조헌금'을 바치라고 명령했다는 허위사실로 요구했던 것이다. 어떻게 1세기 바리새파인과 필사관이 1세기 제자와 같을 수 있는가? 어떻게 한국 야훼벗들이 1세기 바리새파인과 필사관과 같을 수 있는가? 사람의 신분을 바꾼 행위였다. 바리새파와 필사관을 이에수스의 제자로, 야훼벗으로 둔갑시켰던 것이다.

따라서 지금까지 이 본문을 근거로 십일조헌금을 낸 사람은 스스로 바리새파와 필사관이 되겠다는 것을 보여준 셈이 됐다. 유대교 교인이 된 것이다. 지금까지 십일조헌금을 낼 때마다 자기도 모르는 사이에 유대교 추종자가 됐다는 개종 은총에 대한 감사를 표현했던 것이다. 야훼가 보기에 얼마나 가증스러웠겠는가. 야훼의 프로젝트는 유대교 창립이 아니라는 사실을 너무나 잘 알면서도 어긋난 행동을 했던 것이다.

성서에 기록됐다고 하여 무조건 보편화하여 모든 사람에게 적용하는 것은 매우 위험한 발상이다. 단어 게임이나 숫자 게임 하듯이 했다가는 헤어날 수 없는 늪에 빠질 수 있다. 성서는 특정한 시대, 특정한 상황, 특정한 대상에 대해 기록한 경우가 있기 때문이다. 23장 23절 본문도 특정한 대상, 바리새파들과 필사관들에게 들려주는 특정한 메시지였다. 제자들이나 야훼벗들과는 무관했다. 특정 대상인지, 보편 대상인지를 반드시 확인해야 한다. 물론, 특정한 메시지에서 보편적 의미를 찾을 수 있는 경우도 있지만, 그런 시도도 없이 직접적으로 보편화하여 적용하려는 시도는 교회공동체에 늘 회복하기가 어려운 해악을 끼쳤다.

'책망·경고'의 문맥

이 본문의 문맥 이해도 중요했다. 문맥 이해는 어느 성서 본문이든 반드시 살펴야 한다.(이에수스의 이혼에 대한 말씀도, 당시 유대 남성들의 잘못된 이혼문화, 곧 이혼 독점권과 남용에 대해 질타하는 문맥이었다. 그들만의 '마음대로 이혼문화'에 대해 혁명과 같은 말씀이었다. 물론 야훼는 이혼을 적극 권장하거나 혹은 절대불가라는 원칙을 세우지 않았다. 생명보호 차원에서 혹은 최선의 노력을 다한 후의 최후 수단에 대해서는 용인했을 수도 있었다. 유대 남성들처럼 욕망과 감정의 수단으로 이혼을 사용하는 것은 금했을 것이다.)

이 본문 문맥은 위선 전문가들인 바리새파들과 필사관들을 향해 '책망과 경고하는 문맥'이었다. 십일조 교리를 세우기 위한 말씀이 아니었다. "재앙을 자초하는 위선자들아, 행하려면 제대로 행해야지 왜 위선적인가!"라며 이에수스가 책망했고, 무서운 재앙을 자초한다며 경고했던 말씀이었다. 한 가지만이 아니었다. 대표적인 일곱 가지에 관해 책망과 경고했는데, 이 본문은 네 번째였다. 신앙의 눈이 아니라도, 상식으로라도, 본문 23장을 읽으면 무서운 책망과 경고를 기록한 것을 금방 알 수 있었다.

이런 까닭으로, 자주는 아니었지만, 이따금씩 교회왕들에게, 이 문맥은 책망·경고와 관련성이 있으니 십일조헌금에 대해 재고해야 한다는 의견이 전달됐다. 명쾌한 이유는 제시되지 못한 채, 문제점만 지적했다. 주로 교회 개혁파들에 의해서였다. 이 본문을 근거로 십일조헌금을 요구하는 것은, 스스로 책망과 경고를 받을 짓을 하겠다는 의지의 표현이 아닌가를 묻곤 했다.

교회왕들은 그런 말에 귀 기울이지 않았다. 당장 돈이 들어오는 일에 문제가 생길 수 있어서다. 대책회의까지 열었지만 누가 뭐라고 떠들면 야훼 사업의 훼방자로 단정하기로 했다. 야훼를 위해 받는 고난으로 여기자는 것까지 결정했다.

그렇지만 이 본문을 근거로 하여 십일조헌금을 요구할 때마다 이미 책망과 경고를 들었다. 무시무시한 책망과 경고 안으로 자기 발로 걸어서 들어갔고, 십일조헌금을 내는 야훼벗들로 하여금 들어가게 했다. 지금까지 130년 동안 십일조헌금을 한 번도 빼먹지 않고 바쳤으니 그 책망과 경고 횟수가 얼마였을까. 지금까지 이 '책망·경고'를 '십일조 요구'라고 주장한 것은, 정말이지 이에수스에 대한 심대한 인격 모독행위였다. 오히려 책망받아야 할 주장이었다. 그러기에 이 대조방식을 취하는 책망과 경고 메시지는 내리치는 강타였다.

본문을 십일조헌금의 근거라고 한다면, 현금이 아니라 베란다에 키우는 상추와 콩나물의 10%를 바쳐야 했다. 주말 농장에서 가져온 고추의 십일조를 바치는 것이 십일조다운 행위였다.

이처럼 이에수스 말씀의 초점은 '십일조'가 아니었다. 십일조가 초점이었다면 그런 방식으로 말씀하지 않았다. 이는 유대교와 결별해야 하는 의도도 있어 보였다. 이에수스 자신부터가 유대교 문화권에서 태어나고 성장했다. 제자들 대부분도 그러했다. 따라서 유대교의 종교 문화와 종교 언어를 차용하되, 새로운 공동체를 설립하려고 했다. 그러기 위해서는 유대교와는 철저하게 구별되어야 했고, 결별해야 했다.

이 책망과 경고는 말라키서의 십일조 본문과도 공통점이 있었다. 말라키서 십일조 본문도 사실은 책망과 경고를 강조했다. 원래 복 받는 비결이 아니었다. 책망과 경고도 복은 복이긴 하다. 왜냐하면 책망과 경고를 듣고서 철저한 자기반성을 한다면 그것도 복이어서다.

이렇게 해서 한국에서는 책망·경고 메시지가, 십일조헌금 요구 메시지로, 복 받는 비결 메시지로 돌변했다. 복 받기 위해선 뭐든 할 거라는 불순한 의도에 의한 복 사기꾼들, 그들이 양성한 복 중독증 환자들의 증세가 합쳐진 결과였으니 어마어마했다.

십일조 명령이 아니었음을 입증하는 훨씬 더 나은 번역

23장 23절 본문의 바른 번역에 대해 유일무이한 열쇠를 제공한 신학자가 있었다. 그는 발터 바우어(Walter Bauer)였다. 2천 년 기독교 역사 가운데 여명의 빛을 밝히는 연구 결과였다. 물론 야훼가 그 배후에서 조명해주었을 것이다. 지금까지 세계적인 신학자라고 불리는 그 누구도 하지 못한 공헌이었다. 공관복음서의 대가들이라고 세계적으로 알려진 신학자들이나 맛사이오스복음 연구의 세계적인 권위자들조차 하지 못했다. 그 학자들은 이에수스가 십일조 이행을 지속적으로 하게끔 격려했다는 부정확한 해석까지 내놓았다─이들의 공헌점이 있지만 일반 학문 방법론을 따르다가 신학 고유의 방법론을 잃어버리게 했다. 대가들까지 이렇게 했으니 십일조 문제는 영원히 풀 수 없는 과제처럼 남아 있었다. 사실, 칼뱅도 이 부분에 대해 번역이나 해석을 제대로 하지 못했다.

그러니 해외 신학자들의 앵무새 역할을 하는 한국 신학자들과 한국 교회왕들이야 오죽했겠는가. 한국 학생들은 그들이 유명한 학자라면서 제자가 되고자 몇 년씩 기다린 경우도 있었다. (이제는 해외에서 배우러 오게끔 한국적인 새로운 신학을 연구해야 한다.) 하지만 기껏 논

문 하나만 쓰고 오기에 강의든 목회든 일할 준비가 되지 못했다. 학위를 받아왔지만 강의 준비가 되어 있지 않았기에 10년이 지나도 아니 평생 헤매다가 은퇴하곤 했다. 야훼벗들은 더더욱 알 리가 없었다. 어느 본문이든, 원문을 근거로 번역이 제대로 되었는지를 반드시 확인할 필요가 있다는 것은 상상조차 하지 못했다.

지금까지 대부분 이에수스가 두 가지 다 실행할 것을 말씀했다고 했다. 곧 "이것(율법의 더 중한 것, 정의·자비·신실)도 행하고, 저것(박하·회향·근채의 십일조)도 버리지 말아야 한다."라는 취지의 번역을 따랐다. 그래서 일부 교회왕들은 이에수스가 이것과 저것, 둘 다를 요구한 것이라고 가르치며 십일조헌금을 요구했다. 반면, 더 많은 수의 교회왕들은, '이것'에 대해서는 침묵했고, '저것'만을 더 강조했고, 이를 근거로 십일조헌금을 요구했다.

발터 바우어의 『A Greek–English Lexicon of the NT and other early Christian Literature(신약 및 초기기독교문헌 고대 그리스어–영어 어휘사전)』을 개정·편집한 프레데릭 윌리엄 댕커(Frederick William Danker)의 『어휘 사전(제3판)』 제302면을 보면, 이 본문을 제대로 번역할 수 있는 긴요한 실마리를 제공하고 있다.

이 책 제302면에 의하면, 본문 23장 23절 후반부("이것도 행하고 저것도 버리지 말아야 한다.")의 고대 그리스어 원문에 대해 다음 같이 번역할 수 있다는 것이다. 원문의 지시대명사 '저것'의 고대 그리스어 'kakeina'는, 'kai(and)+ekeina(those)'의 합성어인데, '저것'은

앞의 지시대명사 '이것(tauta : these)'의 대체어라고 했다. 곧 고대 그리스어 지시대명사의 특징인 상호교환어(Interchangeable Word)로 사용했다는 것이다. 또한 제302면에서 이런 용법은 다른 성서 본문에서도 사용됐다며 그 예도 제시했다. 티모세오스후서 2장 26절 원문을 보면, '야훼의 뜻'을 강조하고자, '이것(tauta : these)' 대신에 '저것(ekeina : those)'이라는 지시대명사를 사용했다는 것이다. 파울로스는 그 누구보다 고대 그리스어 수사학에 능통했기에 이 강조용 상호교환어법을 유창하게 사용했을 것이다.

특히 상호교환어는 주로 강조용법이었다. 따라서 "저것(박하·회향·근채의 십일조)도 버리지 말아야 한다."라는 문장을 제대로 번역한다면, "이것들(율법의 더 중한 것들, 정의·자비·신실)을 행해야 하며, 또한 이것들을 등한시 여기지 말라(이것들을 등한시 여기지 말고 행해야 한다)."로 번역했어야 했다. 전자와 후자 둘 다를 양립시키지 않는 번역, 전자만을 강조하는 번역이어야 했다.

몇몇 영어번역본에는 이 고대 그리스어 대체어법을 근거로 보다 나은 번역이 되어 있다. 대표적으로 NEB 영어번역본에는 "it is these that you should have practised, without neglecting.(너희가 경시하지 않고 행해야 하는 것은 바로 이것들이다.)"라고 번역했다.

이 번역은, 이에수스가 율법의 본질을 버리지 말라는 점을 강조하고자 반복해서 말씀한 점과 일맥상통한다. 성서 전체 관점에서나 이에수스의 전체 가르침, 특히 율법관을 고려하면 매우 적절하다. 이에수스의 산상수훈 말씀에 비추어 보면 더더욱 적절했다.

따라서 이에수스가 사소한 것까지의 십일조도 행하라고 했다는 것은 사실이 아니었다. 마치 야훼벗들도 상추, 콩나물, 고추들의 십일조도 바쳐야 한다는 듯이 말이다. 그것도 정경인 구약 율법이 아닌, 유대교 미쉬나의 교훈에 의한 십일조 행위를 계속 행하라고 했겠는가? 그런데도 지금까지 수많은 사람들이 이에수스가 요구하지 않는 십일조를 요구했다며 그의 이름을 팔아 사기 행각을 계속해왔다. 그것도 제자들에게 하신 말씀이 아닌데도 말이다. 제자들이 스승 이에수스에게 십일조를 바쳤다는 기록은 그 어디에도 없었다. 하물며 야훼벗들이 그 누구에게 십일조를 바쳐야 하겠는가? 야훼벗들로 하여금 바리새파와 필사관이 되라는 말인가? 유대교 교인이 되라는 말인가?

또 다른 점도 이 번역을 지지했다. 23장 23절에 사용된 '십일조 품사'는 명사가 아니었고, '동사'였다. 곧 "십일조를 드렸다(apodekatoute)."였다. 그러기에 고대 그리스어 지시대명사 '저것'은 동사를 선행사로 할 수 없었다. 명사라야 했다. 따라서 여기서 지시대명사 '저것'은 '율법의 더 중한 것들, 정의·자비·신실'을 가리켰다.

세 번째로 긴요한 번역 열쇠로는 고대 그리스어의 단수와 복수 관계에 의한 번역이다. 원문 '저것'의 단어는 복수 형태였다. 만일 '저것'이 '십일조'를 가리키는 지시대명사였다면 단수 형태라야 했다. 더구나 이 복수형 단어가 '박하, 회향, 근채' 세 가지를 가리킨다면 더더욱 문장이 맞지 않다. 십일조를 행하는 것이 아니라,

이 세 가지를 행한다는 이상한 뜻의 문장이 되기 때문이다. 앞의 단어 중 '율법의 더 중한 것들(the weighter matters of the Law)'이 복수 형태이기에, '저것'은 율법의 더 중한 것들, 곧 '정의·자비·신실' 세 가지를 가리킨 것이 명확하다. 이처럼 단어 형태에 의해서도 '저것'은 십일조와 관련이 없었다.

마지막으로, 구약 전승의 표기 방식을 고려해도 '저것'은 율법 본질을 가리킨 것이 분명했다. 이에수스는 구약에 능통했다. 어릴 때부터 손에 구약 성서가 들린 채 성장했다. 율법 본질 전승도 잘 알았다. 이를테면, 야훼가 '수천 마리의 양, 수만의 강줄기를 채울 올리브기름으로 바치는 제사보다 사랑(자비 혹은 순종)을 더 요구한 율법의 본질'에 능통했다. 이 전승에 의하면, 제사나 사랑을 동시에 두 가지 다 요구한 표현방식보다, 율법 본질(자비 혹은 순종) 하나에 대해서만 주로 표현됐다. 따라서 '이것을 행하되 등한시 여기지 말라'라는 취지의 번역은 율법 본질을 강조하는 구약 표현 방식과도 유사했다.

위 네 가지 근거를 찾는 것은 난공불락과 같은 요새가 아니었다. 기초 지식만으로도 충분히 이해할 수 있었다. 문제는 마음을 딴 곳(십일조헌금이라는 돈)에 두어서였다. 바른 번역에 대해 관심만이라도 있었다면, 23장 23절을 근거로 이에수스가 "십일조를 버리지 말라, 곧 십일조는 계속 이행하라!"라고 했다며, 십일조헌금을 요구하는 허튼소리를 하지 않았을 것이다. 그러기에 23장 23절이 십일조헌금의 근거라는 주장은 이에수스에게서 큰 책망을 받을 짓이었다.

설령, 잘못된 번역을 한 번 동의해준다 하더라도, 그래서 이에수스가 두 가지 다 실행할 것을 말씀했다는 점에 한 번 동의해준다 하더라도, 율법과 관련된 그 어떤 것이든 '한시적'으로 허용한 것에 지나지 않았다. 칼바리아 언덕, 십자가에서 숨을 거둘 때까지만 허용했다. 왜냐하면 그 죽음으로 모든 율법규례의 형식과 제도가 폐지되기 때문이다.

결국, 그 어떤 면으로든 23장 23절은, 130년 동안 이행한 십일조 헌금의 근거가 될 수 없었다. 이에수스는 결코 십일조를 버리지 말고 계속 이행하라는 말씀을 하지 않았다. 영원한 십일조 교리로 만들지도 않았다.

교회왕들이 23장 23절이 십일조헌금의 근거라고 주장은 했지만, 십일조헌금을 요구했지만 그게 사실이라는 그 어떤 증거를 제시했던가?

설령 이행하라고 했더라도 한시적이었다

어떤 일에 대해 한시적으로만 허용한다는 것은 '잠깐' 허용한다는 뜻이다. 그 이후에는 폐기된다. 자동차 기술자가 낡은 승용차에 대해 폐기 결정을 했을 때 더 이상 이 차는 쓸모가 없다. 하지만 폐기 장소에 운반된 다음, 완전 분해되어 그 존재조차 없어질 때까지 한동안은 움직일 수 있다. 또한 폐기 결정을 하자마자 곧바로 망가져서 더 이상 사용하지 못할 수도 있다.

이에수스의 몇몇 율법규례 허용이 바로 이와 같았다. 이미 공생애 시작과 더불어 율법규례 폐기가 시작됐던 것이다. 따라서 한시적 허용은, 폐기가 시작된 것에 대해, 폐기를 전제로 하여 잠깐 허용했을 뿐이었다.

이는 도미노 원리와도 유사한 점이 있었다. 도미노를 쌓을 때, 첫 번째가 쓰러지면 순식간에 마지막까지 다 쓰러지게끔 쌓는다. 수백, 수천 개라도 반드시 쓰러지게끔 되어 있다. 그래서 첫 번째 것을 건드리면 다 쓰러져야만 도미노다.

율법규례도 이와 같았다. 이에수스의 공생애 시작은 율법규례 폐기 시작이었다. 더 이상 그 어떤 기능도 할 수 없게 됐다. 그런데 이에수스가 십자가에서 숨을 거둘 때까지 율법규례가 연쇄적으로 폐기됐고, 십자가에서의 죽음은 그 폐기의 최절정이었다. 더 이상 율법규례는 존재하지 않게 됐다.

설령 23장 23절이 십일조에 대해 두 가지 다 요구됐다 하더라도 십일조규례 이행은 한시적이었다. 자신의 사역을 완성하기 전까지만 잠깐 허용했을 뿐이었다. 십자가 사형틀에서 못 박히면서 야훼의 구원 계획을 완성하게 되는 날, 모든 율법규례는 자동적으로 소멸되기 때문이었다. 이는 어디까지나 '폐기를 전제로 하는 한시적 인정'이었다.

구약 율법에 대해 이와 같은 이에수스의 한시적 허용은 십일조 규례만이 아니었다, 몇몇 다른 율법규례들도 있었다. 성전세, 안식일, 제사장 제도, 할례 등이 있었다. 이 사실은 십일조가 더더욱 오늘날에도 요구되는 것이 아님을 뒷받침 해준다.

　이에수스는 유대종교 문화권에서 성장했다. 태어난 지 여드레 만에 할례를 받았다. 그렇다면 모든 야훼벗들이 오늘날에도 태어난 지 여드레 만에 할례를 받아야 하는가? 또 다른 혼란이다. 파울로스가 할례파들과 얼마나 투쟁했던가. 이에수스는 다소 자유로웠지만 안식일도 지켰다. 곧 안식일을 지키는 듯했지만 안식일 규례를 초월하여 금지된 일을 했다. 이는 안식일에 대한 한시적 인정이면서 동시에 폐기되는 것을 상징했다. 십일조를 지금도 지켜야 한다면 야훼벗들은 토요일을 안식일로 지켜야 하지 않는가? 회당은 어디인가? 한센병을 고친 후 율법규례대로 제사장에게 가서 보이고 예물 바치는 규례도 말씀했다. 제사장들이 피부병 검진 의무가 있어서다. 그렇다면 오늘날 누가 제사장이며, 누가 이와 같은 의학적 행위를 해야 하는가? 그런 짓을 했다가는 당장 피부과 전문의들에게서 항의를 받거나 소송당하기가 딱 안성맞춤이다. 한편, 백부장의 질병이 완치된 후에는, 제사장에게 가라고 하지 않았다. 혈루증을 치유한 후에도 그 여인에게는 제사장에게 가라는 말씀을 하지 않았다. 시각장애인의 눈을 뜨게 해준 후에는 아무에게도 말하지 말라고 했다. 율법규례를 지켜야 했다면 모든 경우에 대해 동일하게 요구했을 것이다. 이에수스가 유월절을 지켰는데 오늘날 유월절을 지키지 않는 것은 무슨 이유일까(오늘날에도 유월절을 지켜야 한다는 유월절파들이 있기는 있지만)?

한시적 허용의 좋은 예를 어렵지 않게 찾는다면 그건 바로 성전세였다.

율법규례에 의해 20세 이상 유대 성인 남자는 모두 성전세로 매년 반 세켈을 내야 했다. 이는 당시 일반 노동자 이틀 품삯이었다. 랍비들은 면제됐다. 노예들과 여성들도 제외됐다. 이방인들과 사마리아인도 제외됐다 – 한국인도 이방인이기에 제외되어야 한다. 이에수스는 유대교 랍비가 아니었기에 성전세 의무가 있었다.

그런데 카파르나움에서 성전세를 받는 자가 이에수스의 제자 페트로스에게 질문한 내용을 보면, 이에수스는 평소에 반 세켈을 내지 않았던 것으로 보인다. 그러나 이날은 아니었다. 페트로스에게 바다에 가서 낚시를 하면 먼저 잡히는 고기의 입에 한 세켈이 있을 것이라고 했다. 그것으로 두 사람의 성전세를 내라고 했다. 다른 제자들의 성전세는 아니었다. 원래는 제자가 12명이었기에 13명의 성전세를 내야 했다. 그 이유에 대해서도 말씀하셨다. 사람들이 잘못을 저지르지 않게 하려는 것이 그 이유라는 것이었다. 사람들이 자행할 수 있는 잘못이란 무엇이었을까? 질문한 것을 고려하면, 생트집 잡으려고 한 게 분명했다. 덫에 의한 범죄행위가 발생할 수 있었다. 성전세를 내지 않으면 성전 및 성전과 관련된 모든 규례를 부인하는 행위였기에, 당장 유대교 종교사법당국에 보고하여 이에수스를 돌로 쳐죽일 수도 있었다. 반면, 성전세를 내면, 이에수스가 평소 야훼의 아들이라고 한 말(이는 성전세 면제자를 뜻했음)을 부인하는, 곧 성자가 아닌 평범한 유대인 성인 남자로 자인하는 행위였다. 따라서 십자가에서의 소명 완수 때까지 심각한 훼방행위가 발생하는 것을 피해야 했다. 그래서 성전마저 무너질 것이지만, 이에수스가 야훼의 성자라서 성전세도 낼 필요가 없지만 이날에만 한시적으로 내라고 했던 것이다. 십자가 소명에 대한 훼방보다는 평범한 유대인 행세를 하는 게 훼방을 막을 수 있어서다.

십일조헌금을 낸다면 이 성전세도 내야 한다. 오늘날 이틀간의 노동자 최저임금을 매년 내야 한다. 그런데 성전은 하나뿐인데 어디에다 내야 하는가? 이렇게 혼란스러운 문제가 발생한다. 또한 성전세 인정은 성전을 인정했다고도 볼 수 있다. 그렇지만 이 성전 인정도 한시적이었다. 직접 성전 정화행위도 했고, 성전이 곧 무너진다고도 말씀했기 때문이다. 자신을 성전보다 더 큰 이라고 했기 때문이다.

실제로 이 성전세를 십일조헌금의 근거라고 주장하는 교회왕들도 있었다. 이게 사실이라면, 어떤 문제점이 발생하는가? 성전세는 유대인 20세 이상 성인남자에게만 그 의무가 있었다. 여자, 사회적 약자, 이방인들은 제외됐다. 따라서 한국인 여자는 당연히 제외되어야 하고, 한국인 남자도 유대인이 아닌 이방인이기에 당연히 제외되어야 한다. 결국, 어떤 측면에서든 성전세를 근거로 주장하는 십일조헌금은 그 어떤 사실 근거가 될 수 없었다.

이에수스는 율법 전체에 대해 자유로운 위치에 있었다. 더 이상 성전이나 성전세에 얽매이지 않았다. 하지만 막중한 소명, 죽음과 부활 사역의 완성을 앞두고서 율법 초월자라는 자기 인식에 의한 한시적 허용은 율법에 충실하기 위함이 아니었다. 야훼의 평화와 사랑에 의해 그들이 범죄행위를 하지 않도록 하기 위함이었다. 왜냐하면 동시다발적인 폭동이 일어날 수도 있어서다. 신성 모독죄로 체포당하여, 자칫 십자가가 아닌 돌에 의해 죽을 수도 있었다. 죽음이 겁나서가 아니었다. 십자가에서 죽어야 하는 것이 소명이었기 때문이다. 야훼의 뜻과 계획은 저주를 상징하는 십자가에서의 죽음이었다.

결국, 구약 율법은 한시적 제도였다. 이에수스의 죽음 때까지였다. 자신의 죽음으로 성전세와 십일조 등 모든 규례의 값을 치를 때까지였다. 율법규례에 의해서는 양을 대속 제물로 바쳤지만, 이에수스가 대신 죽음으로 '야훼의 어린 양'이 되어 준 것이다. 농축산물로 드리던 십일조와 대속 제물을 대신한 이에수스의 죽음에 의해 그가 '온전한 십일조와 온전한 대속 제물'이 되어 준 것이다. 그래서 더 이상 양으로 제사를 드리지 않으며, 십일조도 드리지 않는 것이다. 새로운 시대가 온 것이다. 옛 언약시대는 끝나고 새 언약의 시대가 도래했다. 야훼나라의 통치 방식이 바뀌게 됐다.

그런데도, 2천여 년이 지난 이 시점에도 율법규례가 살아 있다면 어떻게 되겠는가? 모든 것이 다 소멸됐는데도, 유독 십일조 하나만 살아 있다니 도대체 무슨 소동을 일으키려고 했을까?

교회당은 율법이 요구하는 성전 공동체가 아니었다. 그래서 지금까지 성전세를 내지 않았다. 더구나 한국 야훼벗들은 유대인의 관점에서 보면 이방인이다. 이방인의 성전세와 십일조는 받지 않았다. 성전세든 십일조든 이방인인 한국 야훼벗들과는 무관했다.

그런데도 십일조를 왜 내야 하는가? 유대교와 평화관계를 위해서인가? 그렇다면 아예 유대교로 전부 개종하는 것이 더 평화적이지 않을까?

이미 폐기도 선포했다

이에수스는 한시적인 허용만 말씀하지 않았다. '이미 폐기되었다(already demolished)!' 라는 선포도 했다. 직접적으로, 혹은 간접적으로, 혹은 암시적으로 선포했다. 여기서 말하는 폐기란 구약정경 그 자체를 뜻하지 않았다. 구약정경 중, 어떤 것에 대해서만 폐기된 것을 뜻했다. 곧 율법규례 형식과 제도와 관련된 것들에 대한 폐기였다. 이에수스가 오심으로 이미 구약정경 중 그것들이 폐기된 것이나 다를 바가 없지만, 사역 완성의 최절정은 십자가에서의 죽음이었기에, 그때까지만 한시적으로 허용을 했을 뿐이며, 동시에 폐기에 대해서도 선포했던 것이다. 그러니까 이에수스의 시대는 일시적·폐기적 율법규례 시대였다. 십일조도 마찬가지로 일시적·폐기적 십일조였다. 시작된 폐기지만, 곧 폐기되지만 한시적인 공존이었다.

이에수스는 공생애 기간에 십일조를 비롯한 율법규례 폐기 선언에 대한 가장 극적인 장면을 보여준 일이 있었다. 이에수스가 사죄를 선포한 것이다. 이는 구약율법 속죄제의를 송두리째 무효화 하는 선포였다. 그러자 바리새파들과 필사관들이 신성모독으로 간주하지 않을 수 없었다. 성전에 대해서도 폐기될 것을 선포했다. 돌 하나라도 남지 않고 무너질 것이라고 선포했다. 유대인들에게는 폭탄선언이었다. 율법규례에 금지된 사람들과 식사까지 했다. 십자가에서 죽기 전까지, 이런 장면들보다 더 강력한 구약 율법 무효화, 폐기 선포는 없었다.

이처럼 이에수스의 공생애 시작과 함께 구약 율법규례가 무너지기 시작했다. 선언적으로는 이미 폐기됐고, 십자가에 못 박힐 때까지 도미노처럼 조금씩 무너져 갔다. 율법규례의 최절정을 보여준 십자가에서의 죽음으로 십일조를 비롯한 모든 율법규례도 같이 죽었던 것이다. 이런 이유로, 공생애 기간에 한시적 허용의 경우도 있었지만, 율법 폐기에 대해서도 선언했던 것이다.

성전 커튼이 찢어진 의미

이에수스가 십자가에서 숨을 거두던 바로 그때, 여러 가지 기이한 현상들이 일어났다. 그것들 중에 하나가 성전 안 성소와 지성소 사이에 칸막이처럼 쳐져 있던 커튼이 찢어진 사건이었다. 맛사이오스는 일부 귀퉁이가 조금 찢어진 것이 아니라, 위에서 아래까지 완전히 두 동강 나도록 찢어진 것을 기록했다. 이 커튼이 찢어진 것은 무엇을 뜻했겠는가?

이는 구약 율법이 완전히 폐지된 사실을 입증하는 매우 결정적인 증거였다.

율법규례에 의하면, 야훼가 임재를 하겠다며 특별히 지정한 곳, 언약궤를 둔 지성소는 야훼 백성 아무도 들어갈 수 없었다. 야훼 백성을 대신하여 대제사장만이 일 년에 한 번 지성소에 들어가서 야훼를 만날 수 있었다.

이제는 아니었다. 이에수스의 죽음에 의해 누구든 지성소로 들어갈 수 있게 됐고, 그 증거로 커튼이 찢어졌다는 기쁜 소식이었다. 이제는 이에수스의 죽음에 의해 대제사장의 대신 역할 없이도, 성소와 지성소 없이도, 누구든 어디서든 야훼에게 나아갈 수 있게 된 것을 상징했다. 곧 율법규례에 의해서는 더 이상 야훼에게 나아갈 수 없다는 사실을 시청각적으로 보여주고자 커튼의 찢겨짐을 기록했다. 오로지 이에수스의 대속적 죽음에 의해서만 야훼에게로 나아가게 된 것을 선포하는 상징이었다. 모든 율법규례가 십자가에서 같이 죽었기 때문이었다. 그 율법 안에는 십일조 규례도 당연히 포함되어 있었다.

그런데도 십일조를 지킨다는 것은 무엇을 뜻할까. 무시무시한 범죄행위라 하지 않을 수 없다. 야훼를 비웃는 조롱 행위였다. 왜냐하면 야훼의 구원 계획과 구원 완성이 다 헛것이라며 비웃는 행위였다. 야훼를 향해, "멧시아스를 다시 보내세요, 다시 제2의 마리아를 선택하여 이에수스를 마구간에서 다시 태어나게 하세요, 그로 하여금 다시 고난을 받게 하시고, 십자가에 다시 죽게 하셔야 합니다. 당신의 구원인지 뭔지 하는 계획은 실패했기 때문입니다. 우리는 계속 당신이 정한 십일조나 열심히 바칠 것이니 약속대로 쌓을 곳이 없는 복만 주셔야 합니다."라며 야유를 보내는 행위였다.

커튼이 찢어지고 더 이상 지성소의 역할이 없다는 것은 성전의 기능도 더 이상 없다는 것을 뜻했다. 성전 폐기는 제의의 종결을 뜻했다. 곧 십일조를 비롯한 모든 율법규례 전체가 더 이상 필요 없다는 것을 뜻했다. 역사에서 사라진 것이다.

맛사이오스가 이 커튼이 찢어진 것을 기록할 때 수동태 동사로 기록했다. '신적 수동태'였다. 야훼가 직접 찢었다는 것이다. 야훼의 강력한 역동적인 행동을 표현할 때 사용하는 신적 수동태였다. 그러기에 그 누구라도 '수선'을 하여 더 이상 사용할 수 없었다. 야훼가 한 일인데 누가 원상 복원을 할 수 있겠는가.

이는 야훼의 계획이었다. 야훼는 이에수스가 숨을 거두는 것을 보자 이제 완전히 율법규례를 폐기한다는 선언을 커튼의 찢어짐으로 했던 것이다. 그래서 그 상징으로 커튼을 손수 찢었던 것이다. 그런 다음, 인간들을 향한 무언의 말씀을 했다.

"더 이상 성전을 세우지 말라, 제사장도 대제사장도, 지성소도 커튼도 필요 없다. 공생애 기간에 한시적으로 허용한 것들까지도 다 포함하여 폐기됐다. 십일조도 폐지됐으니 더 이상 바치지 말라."

야훼가 직접 새로운 길을 활짝 열어준 것이다. 커튼을 찢었고, 새 길을 활짝 열어 주었으니 이제는 이 새 길로 나아오라는 새로운 보증약속이었다. 이에수스의 죽음에 의해서만 야훼에게로 나아와 만날 수 있다는 새로운 길이었다. 이에수스를 영원한 성전, 영원한 커튼, 영원한 어린 양, 영원한 십일조가 되게 했다는 선포였다.

십일조도 같이 찢긴 거나 다름없었다. 이에수스의 죽음이 모든 제물·헌물을 대신했고, 대체되어서다. 그의 죽음은 야훼사랑의 최절정, 수난의 최절정, 율법규례 폐기의 최절정, 율법이 요구한 저주의 최절정, 모든 제물과 헌물의 대신·대체 행위의 최절정, 구원사역 완성의 최절정이었다. 그의 죽음은 십일조 헌물에 대해서도 대신·대체 행위의 최절정이었다. 그가 대제사장이 되어 주었기에 더 이상 다른 대제사장이나 지성소나 커튼이 필요하지 않게 됐다. 그래서 참 대제사장인 그를 통해서 야훼에게로 나아가게 된 것이다. 그러므로 십일조헌금을 내는 행위는 이에수스를 다시 죽게끔 하는 살인행위였고, 무시무시한 범죄행위였다. 기본식량 십일조로 생활하던 제사장이나 대제사장이 없어졌기에 그 십일조도 더 이상 필요하지 않게 되어서다. 받을 사람이 없는데도 가지고 오면 책망 받을 짓이었다. 폐허가 된 빈 집과 같은 곳에 십일조를 가져오면 쓰레기 치우기만 어렵게 한다는 것이다.

커튼이 찢어진 사건! 역사 이래로 그 누구의 죽음에도 자력에 의해서든 타력에 의해서든 일어나지 않았던 사건이었다. 인간 그 누구도 죽으면서 자기 집에 있는 작은 유리창문 커튼이라도 찢어지게 할 수 있단 말인가.

더 이상 건물 성전에서는 만나지 않겠다는 선언, 양과 염소를 몰고 오지 말라는 선언, 초태생과 먹거리 십일조를 가져오지 말라는 선언, 모든 율법규례는 종결됐다는 선언, 이제는 이에수스의 죽음에 의해서만 만나는 새로운 만남의 길이 열렸다는 공식 선언이었다.

'다 이루었다!' 라는 유언

누구든 죽음 직전에 남기는 유언이 있을 수 있다. 유언은 매우 중요한 내용을 담고 있다. 이에수스가 죽음 직전에 남긴 말들 중에 "다 이루었다!" 라는 유언도 있었다. 이 유언은 이오안네스가 기록한 유언이었다. 그가 기록한 '다 이루었다' 는 무엇을 다 이루었다는 것인가? 남기고자 한 유언은 무엇이었는가?

이는 야훼 구원계획이 완성됐음에 대한 유언 선포, 율법규례는 다 폐기됐다는 유언 선포, 이제는 율법규례 없이 야훼에게로 나아오는 새로운 길을 완성했다는 유언 선포, 그러니 더 이상 십일조를 비롯하여 율법규례 형식에 의한 행위들을 하지 말라는 유언 선포, 구약시대의 제의적 희생제물들은 자신의 죽음으로 대신·대체 되었다는 유언 선포, 인류와 우주 안에 가득한 과거·현재·미래의 죄악들을 친히 자기 몸에 다 떠안았다는 유언 선포였다.

교회왕들과 야훼벗들은 무엇을 다 이루었다는 유언의 말씀인지, 이 유언에 대해 신중히 숙고해야 했다. 십일조헌금을 바치라는 유언을 남겼는가? 다 이루었다고 하면서 돈이 필요해서 십일조헌금만은 바치라고 했는가? 십일조를 바치는 행위는 유언 불이행죄에 해당됐다.

'카이사르의 것은 카이사르에게, 야훼의 것은 야훼에게'의 오해

한시적·폐기적 십일조와 관련하여 반드시 살펴야 할 구절이 있다. 이에수스가 "카이사르의 것은 카이사르에게, 야훼의 것은 야훼에게."라고 말씀한 것을 근거로 십일조를 주장하는 이들이 있어서다.

이 주장파들은 어떤 점에서 기가 막힌 착상을 했다. 야훼벗들이 세상 속에서는 정부에 소득세(카이사르)를 내고, 동시에 교회당에서는 십일조(야훼)를 내야 한다는 논리였다. 언뜻 듣기에는 그럴 듯하다. 정말이지 놀랍지 않는가? 하여튼 경제(돈)에 관해서는 천재적인 사람들이었다. 경제에 관한 한, 유대민족보다 더 뛰어난 민족이라는 평가를 받을 수 있을 정도다.

하지만 이에수스가 결코 그런 의도로 하신 말씀이 아니었다. 심대한 오해였다.

첫째, 본문 대상 및 문맥에 대한 오해가 있었다. 모든 성서 본문에 대해 대상과 문맥을 늘 유의해야 하듯이 이 말씀의 대상이 누구인가가 중요했다. 제자들이 아니었다. 덫을 놓는 질문을 하는 바리새파들과 필사관들이었다. 또한 그들에게 '책망의 대답'을 하는 문맥이었다. 그런데도 이 적대자들에게 한 책망의 말씀을 자동적으로 모든 야훼벗들에게 적용한 것은 심각한 문제점이었다. 마치 야훼나라에 소속된 모든 사람들은 한편으로 정부에 세금(카이사르의 것인 세금)을 내야하고, 다른 한편으로 교회당에도 세금(야훼의 것인 십일조)을 내야 한다는 얼토당토않은 논리를 만들었기 때문이다. 이에수스가 두 나라의 세금 제도를 확정지었다는 허위 주장이었다.

둘째, 이 구절을 근거로 이 세상을 카이사르제국과 야훼나라로 양립시키는 이분법적인 구도를 만든 점이다. 그 어떤 구실로도 이 세상을 세상 왕국과 야훼 왕국으로 분류할 수 없다. 이 세상의 모든 것이 다 야훼의 것이어서다. 카이사르의 것도 당연히 야훼의 것이다. 그도 야훼의 통치권 아래 있었다.

한때 가톨릭교회가 이 양립구도를 만들었지만 결국 실패하고 말았다. 실패로만 끝난 것이 아니라 얼마나 부정적인 영향력을 끼쳤는지 모른다. 지금까지도 그 해악의 요소로 이 세상과 교회가 고통을 겪고 있다.

셋째, 이에수스가 처한 상황 및 답변 의도에 대한 오해였다. 어떤 상황이었는가? 바리새파들과 필사관들에게서 악의적인 질문을 받은 상황이었다. "카이사르에게 세금을 바치는 것이 율법에 비추어 보면 옳은 행위인가?” 라는 덫을 놓는 질문이었다. 이 질문에 의하면, 어느 쪽으로 대답을 하든지 이미 덫에 걸릴 수 있었다. 세금 지불을 반대하면 카이사르에 대한 반역죄가 되어 즉시 체포되어 처벌을 받을 수 있었다. 반대로 세금 지불을 찬성하면 우상숭배를 금지한 율법위배였다. 또한 당시 유대인들의 로마정부 세금에 대한 강한 분개가 있었기에 처단해야 하는 매국노가 되어 유대인들이 집단행동을 할 수 있었다. 자칫 돌멩이 세례를 받을 수도 있었다. 이런 위기상황에서 과연 이에수스가 오가는 모든 야훼벗들에게 보편적으로 적용할 수 있는 귀한 말씀을 했을까. 불후의 명언을 남길 만한 상황이 아니었다. 올가미에 걸리게 하려는 적대자들과 직면해 있는 매우 위태로운 상황이었다. 따라서 이에수스는 세금에 관해 반대도 찬성도 하지 않아야 했다. 둘 중 어느 것 하나를 말하면 걸려들기 때문이었다. 이에수스는 십자가에서의 죽음 소명을 알고 있었지만 지금은 그때가 아니었다. 그러므로 자칫 야훼 계획에 훼방거리가 생길 수도 있어서 세금에 관해서는 답변하지 않음으로써 적대자들의 덫에 걸리지 않아야 했다. 그는 덫에 걸리지 않는 답변, 나아가 통상적으로 늘 그러했듯이, 이 기회에 적대자들을 책망하는 답변, 또한 야훼나라의 법칙을 알리는 답변을 하고자 했을 것이다. 이에수스의 답변에는 그런 답변 의도가 있었다. 곧 지금 상황은 세금에 대해 답변할 상황이 아니었다. 덫에 걸리지 않아야 하는 상황, 악을 책망하는 상황이었다. 결코 두 나라(세상나라와 야훼나라)에 각기 두 유형의 세금이 있음을 확

정하는 말씀이 아니었다. 상대가 누구였는가? 책망 받아야 하는 적
대자들에게 '세금 교리'와 같은 것을 세워줄 의도가 있었겠는가.

그래서 첫 번째 한 말이 카이사르의 초상화가 새겨진 동전을 가져
오게 했고, 다 알고 있는데도 그게 누구냐고 물었고, 그런 다음 카이
사르의 것이니 그에게 '반환하라'고 했다. 세금을 지불하라는 말이
아니었다. 덫에 걸리지 않기 위해, 간접적으로 적대자들을 책망하기
위해(그들이 그 동전 사용에 의해 율법위배를 하고 있기에) 그 동전을 '반환
해주라'고 했을 뿐이었다. 이 답변에는 세금에 대해 찬성이나 반대
의 말이 없었다. 덫에 걸리지 않기 위해서였다. 비과세적 답변이었
다. 그렇다면 '야훼의 것은 야훼에게'라는 말에도 그 어떤 세금과도
관련이 없었을 것이다. 오히려 "너희야말로 야훼를 시험하지 말라!
너희는 야훼의 것이다! 카이사르의 초상화가 새겨진 동전이 카이사
르의 것이듯, 너희는 야훼의 형상이 새겨진 야훼의 피조물, 그러니
야훼의 것이다! 야훼의 통치권 안으로 들어와서 복종하며 야훼의 것
인 너희 자신을 드리는 결단을 하거라!"라는 답변 의도가 있었다.

이 답변 의도는 맛사이오스가 사용한 고대 그리스어 '그리고(kai)'
의 강조용법에 의해 지지를 받는다. 이 '그리고'는 단순히 연결접속
사가 아니었다. 그 후반부를 강조하는 기능이 있었다. 따라서 "그러
나(무엇보다) 야훼의 것은 야훼에게 반환하도록 하라"로 번역하는
것이 이에수스의 뜻을 더 잘 드러내는 번역이었다. 바리새파들과 필
사관들은 야훼의 형상으로 창조된 야훼의 것인데도 오히려 야훼를

대항하기에, 뉘우치고 돌아와서 산 제사로 드리라는 책망과 촉구였다. 또한 카이사르와 야훼 중에 어느 쪽이든 선택하고 돌아서라는 암시도 있을 수 있었다. 왜냐하면 그들은 가식적인 율법행위만 하면서 카이사르의 통치를 받고 있는 반면, 야훼의 통치를 받고 있지 않아서였다.

넷째, 설령, '야훼의 것'을 '야훼에 대한 세금'이라고 하더라도 이는 성전세였기에 십일조와는 무관했다. 십일조는 헌물이었다. 통용화폐로 지불하는 경우는 성전세였다.

다섯째, 설령, 성전세든 무엇이든 세금에 관한 언급이었다 하더라도, 혹은 그 무엇이든 야훼의 것이라고 했더라도 이는 '한시적인 허용'이었을 뿐이다. 곧 십자가에서 죽게 될 것이고, 율법과 관련된 규례들은 다 폐지될 것이기 때문이다.

십일조헌금은 이에수스를 다시 십자가에 못 박히게 하려는 살인미수 행위

교회왕들의 범죄 행위는 한두 가지가 아니었다. 말라키서 본문을 이용하여 야훼벗들로 하여금 십일조 절도범이 될 수 있다는 협박죄, 부자가 될 수 있는 십일조 대박 사기죄가 있었다. 그런데 무시무시한 범죄 행위가 추가됐다. 살인미수죄였다. 왜냐하면 십일조헌금은 야훼의 구원사 전 과정을 실패작이라며, 이에수스를 다시 이 땅에 보내어 십자가에서 다시 죽게 하려는 어마어마한 살인미수죄였다. 살인교사죄도 추가될 수 있는 범법 행위였다. 십자가에서 같이 다 죽었던 율법규례들 중, 십일조 규례 카드를 꺼내어 죽지 않았고 살아 있다는 것이다. 다시 말해 야훼의 구원 계획은 실패했으니 처음부터 다시 시작하라는 시위와 같았다. 이미 십자가에서 죽었다가 사흘 만에 다시 살아나서 현재 야훼 오른편에 앉아 있는 이에수스를 다시 이 땅에 보내야 한다는 것이다. 다시 '제2의 마리아'를 통해 마구간에 다시 태어나게 해야 하며, 다시 수난 속에서 살아야 하고, 다시 십자가에서 죽게 해야 한다는 것이다.

이는 야훼와 이에수스의 고통에 대해 10%는 물론, 0%조차 이해가 없는 요구행위였다. 이에수스가 십자가에서 숨을 거둘 때, 인류와 전 우주 안의 과거·현재·미래의 모든 죄악을 친히 몸에 다 떠안아야 했기에 얼마나 고통스러워했는가. 그 인류의 죄악이 얼마인가. 셀 수가 없었다. 몹시도 고통스러워했다. 지금도 십자가에서의 그 고통소리가 들려오고 있다. 교회당에서는 그 고통에 동참한다며 십자가에서 죽을 당시를 재현하는 연극까지 공연했다. 단체로 십자가에서의 죽음에 관한 영화까지 관람했다. 그런데 십일조헌금을 하면서 이에수스는 십자가에서 다시 죽어야 한다니 세상에 이런 악의적인 일이 있을 수 있는가. 돈 되는 일이라면 이에수스는 물론 야훼까지도 죽게끔 할 수 있는 무시무시한 짓이었다. 야훼나라를 온통 다 뒤엎어 놓은 이에수스 살인미수죄, 이에수스 살인교사죄였다.

1. 이에수스가 말씀하신 맛사이오스 23장 23절의 원래의미는 무엇인가?

2. 23장 23절이 십일조헌금의 근거가 아닌 이유는 무엇인가? 근거라고 하면 어떤 문제점이 발생하는가?

3. 한시적·폐기적 율법규례란 어떤 의미인가?

4. 성전 커튼이 찢어진 것이 상징하는 의미는 무엇이라고 생각하는가?

5. '다 이루었다!' 는 무엇에 대한 유언인가?

6. '카이사르 것은 카이사르에게, 야훼의 것은 야훼에게' 구절이 십일조헌금 근거가 아닌 이유는 무엇인가?

제4부
십자가에
못박힌
십일조

야훼가 율법규례를 십자가에 못 박았다!

십자가에 못 박힌 십일조

파울로스는 이에수스의 12제자가 아니었다. 하지만 이에수스의 어록을 통해서 이에수스가 누구인지, 그가 무엇을 가르쳤는지, 어떤 사역을 했는지, 특히 그의 죽음과 부활에 대해 그 누구보다 잘 이해했다. 그래서 야훼나라의 관점에서 이에수스의 죽음과 부활 의미를 견지하면서 새롭게 재해석을 할 수 있었다.

파울로스가 섬기던 콜롯사이교회 안에 여러 문제들이 있었다. 야훼벗들이 거짓파의 속임수에 넘어가서 할례를 비롯한 몇몇 구약 율법규례를 지켰다. 이는 혼합주의자가 됐다는 것을 뜻했다.

그 소식을 듣자마자 파울로스는 튀키코스를 통해 콜롯사이교회로 편지를 보냈다. 그는 편지에서, 이에수스 이외의 그 어떤 율법규례로도 야훼의 은총 안에 머물 수 없다는 점을 강조하고 또 강조했다.

그런데 파울로스가 이 편지에서 한 가지 놀라운 선포문을 썼다. "야훼가 (빚 차용증서와 같았던) 율법규례를 십자가에 못 박았다!(God nailed it to the cross!)"

이는 역사적인 선포문이었다. 이에수스가 십자가에서 죽임을 당할 때, 야훼가 빚 차용증서와 같았던 율법규례를 십자가에 못 박았다는 선포문이었다. 그러니 더 이상 율법의 종노릇을 하지 말라는 선포문이었다. 은총도 새로운 은총, 순종도 새로운 순종의 시대가 열린 것을 선포했다.

인간은 율법 조문에 의하면 원래 야훼에게 갚아야 하는 죄의 빚이 있는 채무자였다. 인간 자력으로는 갚을 수 없는 빚이었다. 그런데 채권자와 같은 야훼가 오히려 빚 차용증서와 같았던 율법조문들을 십자가에 못 박음으로써 죄를 탕감해줬다는 선포였다. 곧 이에수스가 십자가에 못 박힐 때, 인간의 모든 죄도 함께 못 박혔고, 그 죄를 성립하게 했던 율법규례, 그래서 야훼에 대해 갚아야 하는 그 죄빚의 차용증서와 같았던 율법규례를 못 박았다는 뜻이었다.

파울로스는 이에수스가 십자가에서 숨을 거둘 때 지성소 커튼이 찢어진 것을 잘 알고 있었다. 또 이에수스가 "다 이루었다!" 라는 마지막 유언을 남긴 것도 잘 알고 있었다. 이뿐 아니라 이에수스가 율법의 완성자·대신자·대체자라는 사실도 잘 알고 있었다. 그래서 이 역사적 사건에 대해 야훼나라의 관점에서 재해석도 할 수 있었다. 그게 바로 "야훼가 율법규례를 십자가에 못 박았다!" 라는 선포문이었다. 커튼이 찢어진 의미, 그 유언의 의미와 연속성을 가지면서 다른 방식으로 표현했던 것이다.

이 십자가에 못 박힌 율법규례들 중에는 당연히 십일조 규례도 포함되어 있었다. 그래서 파울로스는 자신이 쓴 서신서 그 어디에도 '십일조'라는 단어조차 사용하지 않았다. 십일조가 십자가에 못 박혀 죽었고, 역사에서 사라졌고, 그 역할이 종결되어서다. 십자가에 못 박힌 십일조! '십일조 죽음'에 대한 가장 극적인 표현이었다. 이 선포는 이미 2천여 년 전에 선포됐다.

그런데도 매달 십일조헌금으로 야훼에게 나아가 야훼를 만난다니 무슨 해괴한 일인가. 십일조를 비롯한 그 어떤 율법규례를 들고 나아오더라도 이제는 야훼와 만날 수 없게 됐는데도 말이다. 130년 동안, 죽은 십일조의 유해를 들고서 교회당 안으로 들어왔으니 그 비극을 어찌해야 하는가. 그것도 십일조의 본래 유해가 아니었다. 십일조헌금이라는 가짜 십일조 유해를 돈 봉투에 넣어서 나아왔으니 야훼는 또다시 고통스러워했다.

참으로 어정쩡한 예배였다. 죽은 십일조의 가짜 유해와 함께 드린 예배였다. 한편으로는 이에수스의 죽음에 의해 야훼에게 예배한다고 하면서, 다른 한편으로는 십자가에 못 박힌 십일조, 폐기된 십일조를 들고서 예배를 해왔기 때문이다.

십자가에서 못 박힌 십일조가 왜 살아 있는가?

파울로스는 분명히 십일조도 십자가에 못 박혀 죽었다고 했다. 그런데도 십일조가 살아 있다는 것은 죽지 않았다는 뜻이다.

이는 사타나스의 무시무시한 전략이었다. 사타나스의 최종 공격 목표는 십자가였다. 이에수스가 십자가에서 죽지 못하게 하려고 얼마나 애를 썼는지 모른다. 왜냐하면 이 죽음이 바로 자신의 멸망이었기 때문이다. 그러니 얼마나 발버둥을 쳤겠는가.

이 훼방 전략들 중 한 가지가 십일조에 의해 이에수스를 다시 죽게 하려고 한 시도였다. 곧 2천여 년 전 이에수스의 죽음을 실패작으로 만들고자 했다. 그래서 구약 율법 조문 모두 다 죽었다는 것을 확신시킨 후, 순식간에 사람들이 알지 못하는 방식으로 십일조 하나만은 살아 있는 것으로 여기게끔 했다. 이는 정말이지 매우 지능적인 수법이었다. 사실은 십일조 하나만이 아닌, 율법 전체가 다시 살아 있게끔 하려는 작전이었기 때문이다.

사타나스의 지능지수는 매우 높다. 야훼보다 높지는 못하지만, 인간들보다는 높다. 그래서 전략을 짤 때도 매우 지능적이었다. 각 민족의 고유한 특성까지 다 파악하고, 각기 적절한 전략을 사용했다. 사타나스가 한국인들을 살펴보니 돈을 최고로 여긴다는 것을 잘 알았다. 또한 조상 대대로 복 유전자가 있어서 복에 매달린다는 것도 간파했다. 그래서 먼저 선발대로 '돈 마귀부대와 복 마귀부대'를 보냈는데 기가 막히게 들어맞았다. 이어서 본진 부대 '10% 십일조 마귀부대'를 파병했는데 결정적인 역할을 했다.

처음부터 단숨에 공격하지 않았다. 점진적으로 공격했다. 먼저 의식적으로는 야훼가 강하다는 것을 알게 하고, 점차 무의식적으로는 십일조가 야훼보다 더 강한 것으로 여기게끔 했다. 그러자 무의식 세계 안에서 형성된 '강한 십일조'가 점점 의식세계 안으로 자리 잡았다. 그 결과, 십일조가 이 세상에서 가장 위대한 능력자로 추앙받게끔 했다. 아무도 이길 수 없었다. 그 위세가 너무나 당당하자, 한국 야훼벗들 모두 다 이 위대한 신, 십일조를 추종했다. 야훼를 믿는다고 하지만 실제로는 십일조의 위력을 믿었다. 기도도 야훼에게 한다지만 실제로는 십일조에게 간구하며 복을 달라고 했다. 야훼가 아닌, 십일조와 흥정했다. 야훼에게 해본들 무소식이었기 때문이다. 십일조에게 십일조헌금을 내겠으니 부자가 되게 해달라고까지 했다. 그리하면 십일조의 영광을 위하는 일을 하겠다는 고백까지 했다. 그리하여 십자가에 죽은 십일조를 대상으로 하는 '십일조교'가 탄생했다. 교주는 누구였는가?

십자가에 못 박힌 십일조! 그런데 십일조가 왜 살아 있는가? 사람들이 십일조를 못 잊어 했던 것이다. 130년 동안 매달 기억하고 또 기억하고자 십일조 기림회를 열었다. 매달도 모자라서 중간 중간 십일조 기림회도 열었다.

국내뿐 아니라 해외로 나간 한국 선교사들까지 한국에서 터득한 십일조 비법을 전수했다. 사타나스의 또 다른 전략이었다. 십일조 씨앗을 퍼뜨리게 했다. 밥 한 끼조차 먹기 힘든 나라에 가서 이 돈 저 돈 다 모아서 한국처럼 경제적 복을 받아야 한다며 존재하지도 않는 성전을 먼저 짓게 하고, 선교사는 제사장이 되어서 십일조를 바치게 했다. 십일조 한류 열풍이 일어나게 했던 것이다.

그런데 역설적인 현상이 일어났다. 자연히 야훼와 점점 멀어지기 시작했다. 십일조헌금을 믿은 결과였다. 십일조헌금을 믿으려고 하니, 야훼의 능력을 덧입을 수가 없었다. 야훼가 다스려 줄 수 없었다. 야훼는 늘 우리에게 요구한다. 야훼를 믿을 것인가 돈을 믿을 것인가? 둘 중에 하나를 선택해야 하는 선택 사항이었다.

그들 가운데는 콜롯사이교회처럼 혼합주의자들도 있었다. 야훼도 믿지만 십일조헌금도 같이 믿는 자들이었다. 이는 이스라엘 멸망의 원인이었다. 이스라엘 사람들은 야훼와 완전히 단절하지 않았다. 성전 밖에서는 배교와 배신의 삶을 살다가 때가 되면 성전 마당을 밟았다. 양다리, 이중 삼중의 야훼 백성 노릇을 했다. 한쪽은 야훼를, 다른 한쪽은 성전 밖 물질주의를 의지하고자 했다.

사타나스가 교회왕들과 야훼벗들을 부추긴 것이 여러 측면으로 성공했다. 야훼가 십자가에서 잠시 쇼를 한 것이니 믿지 말고 십일조헌금이라는 돈을 믿으라고 충동한 것도 기가 막히게 맞아떨어졌다. 교회 바깥사람들에게는 십일조헌금은 야훼에 대한 일종의 시위며 조롱이라고 속삭였다. 이에수스가 십자가에서 다시 죽어야 하는 실패작이라고 속삭였다. 십일조가 살아 있다는 것은 야훼가 십일조를 이기지 못한 패배를 뜻한다고 속삭였다. "다 폐지했다, 다 이루었다!"라는 선포를 단숨에 무효화하는 행위였다. 고차원적인 조소였다. 십일조가 이렇게 살아 있는데 무슨 소린가, 하며 이에수스로 하여금 십자가에서 다시 내려와서 태어난 마구간으로 가라는 야유였다. 실패했으니 처음부터 다시 시작해야 한다는 야유, 다시 야훼에게서 파송 받아야 하고, 다시 태어나야 하고, 다시 십자가에서 못 박혀 죽어야 한다는 야유였다.

1세기 할례파들은 사타나스의 조종을 받는 집단이었다. 그들은 파울로스를 몹시도 증오했다. 그가 가는 곳 어디든 특공대를 조직하여 추적했다. 그가 섬기는 교회공동체마다 은밀히 침투했다. 구원을 받으려면 할례 규례도 지켜야 한다고 속삭였다.

야훼벗들은 몹시도 혼란스러워 했다. 영원히 죽지 않는 영생의 구원을 받아야 하는데 고민이었다. 이에수스가 십자가에서 죽은 그 죽음에 대한 믿음뿐 아니라 할례 규례도 지켜야 한다니 현기증이 날 정도였다. 어느 것이 진실인지는 그 다음의 문제였다. 우선 이 현기증을 나게 하는 데서 벗어나고 싶었다. 타협하는 게 편해 보였다. 그래서 할례 규례도 받아들였다.

사타나스는 이 할례파 양성에 의해 큰 효과를 보았다. 노하우가 쌓였다. 이 경험을 바탕으로 한국에서는 무엇을 할 것인가 곰곰이 생각했다. 그래서 할례파와 유사한 십일조파를 만들었던 것이다.

한편, '생각하는 야훼벗들'이 다시 용기를 냈다. 모든 율법규례들이 십자가에 못 박혔다는 파울로스의 말의 뜻을 조금씩 깨닫기 시작했다. 구약 제사장이 존재할 수 없다는 것을 깨달았다. 종교개혁자들처럼, '만인 제사장', 곧 모든 야훼벗들이 대제사장 이에수스 아래에 있는 제사장이라는 것을 깨달았다. 더 이상 양과 염소를 가지고 예배를 드리지 않는 이유도 알아챘다. 십일조는 물론, 구약 시대의 모든 제의제도 그 자체를 따르지 않아야 한다고 결심했다. 이에수스가 대신하여 참된 희생 제물과 헌물이 되어 주셨음을 알아가기 시작했다.

무엇보다 십일조를 내지 않기로 했다. 이에수스와 파울로스의 음성이 뚜렷하게 들렸다. '십자가에 못 박힌 십일조! 십자가에 못 박힌 십일조!' 못 박힌 십일조를 왜 십자가에서 다시 끌어내리는 짓을 했느냐는 책망의 음성도 들었다. 십일조헌금이 아닌, 다른 방식이어야 한다며 그 방식에 대해 토론하기 시작했다. 그래서 십일조헌금이 아닌, 야훼사랑·이웃사랑의 성금을 내기로 했다. 더 중요한 것도 깨달았다. 성금이라는 돈을 내는 것이 전부가 아니라는 점, 곧 삶의 전체로 응답해야 한다는 점을 깨달은 것이다. 십자가에서 죽은 십일조를 살아 있는 것으로 여긴 것은, 이에수스의 죽음을 불인정한 행위라는 것도 확실히 알아서다. 이것이 바로 십일조 사이비, 십일조 이단이라는 말을 듣게 된 이유라는 것도 알아서다.

사타나스의 또 다른 주된 목적은 야훼벗들로 하여금 야훼의 은총에서 끊어지게 하는 것이었다. 그래서 어떻게든 이에수스가 십자가에서 죽은 사건을 믿지 못하게 하려고 했다.

파울로스는 일찍이 사타나스의 이 목적을 간파하고 있었다. 그 목적을 위해 반드시 뭔가를 할 것을 알아챘다. 그래서 처방과 예방 구절을 남겼다. 그것은 '십자가에 못 박힌 율법규례를 지키는 자는 은총에서 끊어진다!' 였다.

은총에서 끊어지는 것처럼 무서운 벌이 없다. 벗어날 길이 없는 영원한 처벌을 받는 것이다.

십일조 이행자들은 스스로 이 영벌을 받으려는 자들이었다. 금지한 율법규례를 준수했기 때문이다. 야훼와의 관계성이 끊어진 상태에서 헛된 예배만 열심히 드린 것이다. 1세기 할례파들보다 더 심각했다. 할례파들은 형식적으로라도 구약 율법대로 지켰다. 하지만 십일조파들은 율법규례대로도 아니었다. 성전과 성전 내부의 성물도 마련하지 않았다. 레위인과 제사장도 세우지 않았다. 먹거리인 이스라엘산 농축산물이 아닌 한국은행이 발행한 한국산 '돈' 으로 바쳤다. 7년 단위에 의해서도 지키지 않았다. 그래서 7년마다 중지해야 하는 십일조헌금을 130년 동안 한 번도 빠지지 않고 이행했다. 가족 잔치 십일조도 이행하지 않았다. 3년마다 10% 전체로 기본식량이 없는 계층에 대한 십일조도 행하지 않았다. 무엇보다 목적이 변질됐다.

그래서 할례파 노예들이 생겼듯, 무수한 십일조 노예들이 생겨났다. 아, 십일조 노예들은 은총에서 끊어진 자들인 것이다. 130년 동안 십일조헌금으로 야훼를 섬겼는데 은총에서 끊어지다니 말이다! 어떻게 딱 하나 십일조헌금에 의해서인가?

파울로스의 말에 의하면 꾐에 빠져 바친 십일조 노예들이었다. 어떤 율법이든 다시 지키는 행위는 꾐에 빠진 행위라고 했기 때문이다. 야훼가 십일조헌금을 요구하지 않았는데 누가 꾀였는가?

서울만 하더라도 밤에 십자가 종탑 빛이 밤하늘을 밝힐 정도로 많다. 그 네온사인 십자가는 십일조도 함께 못 박힌 것을 알리고 있다. 십일조 죽음의 기념 불빛이다. 그런데도 주일 낮에는 십일조가 멀쩡히 살아 있다며 십일조헌금이라는 이름까지 개명했으니 십일조 유령이라도 살아 있다는 말인가?

1. 파울로스가 무엇 때문에 "모든 율법규례가 십자가에 못 박혔다."라고 선포했는가?

2. 파울로스의 선포문에 의하면 십일조는 어떻게 되었는가?

3. 파울로스가 한국에서 이행하고 있는 십일조헌금에 대해 무슨 말을 할 수 있을 것 같은가?

4. 파울로스의 선포문에 의하면 십일조헌금의 문제점은 무엇인가?

5. 이에수스 안에서 율법규례들이 어떻게 되었는가?

제5부

십일조 헌금인가,
공동체 성금인가?

자유롭게 내는 공동채 성금(Community Donation) 방식을 택했다.

십일조헌금인가, 공동체 성금인가?

파울로스가 살던 시대에도 돈을 최고로 여기는 사람들이 많았다. 대제사장들은 이미 갑부 그룹에 속해 있었다. 제사장들도 십일조를 사유화했다. 교회공동체는 일부를 제외하고 대부분 가난한 사람들이었다. 야훼를 섬겼지만 돈도 최고로 여기며 섬기는 이들도 있었다.

파울로스는 이에 대해 매우 단호했다. 그가 돈을 최고로 여기는 데서 비롯되는 현상을 보니 모든 악의 뿌리 역할을 하고 있었다. 갖가지 유형의 악이 바로 돈을 최고로 여기는, 곧 돈을 사랑하는 데서 비롯되는 것을 간파했다. 그래서 '돈을 사랑하는 것이 1만 악의 뿌리'라는 기록을 남겼다.

이는 이에수스의 재물에 대한 가르침과 일맥상통했다. 타락한 인간성은 늘 재물을 우상으로 여기는 성향이 있어서 이에수스도 야훼와 재물을 겸하여 섬길 수 없다고 가르쳤다. 파울로스가 13권의 서신서를 쓸 때 이에수스의 이 같은 가르침을 근거로 삼았다. 근거로 하되, 야훼나라 관점에서 어긋나지 않게끔 기록했다. 거룩한 영의 조명에 의해, 이에수스의 가르침을 견지하면서 훨씬 더 구체화 하거나 확대시켜 기록하려고 했다.

파울로스는 편지를 쓸 때 '십일조'라는 단어를 아예 꺼내지도 않았다. 십일조가 십자가에 못 박혔다고 선포한 바대로, 십일조는 더 이상 존재하지 않아서다. 오히려 할례파들처럼 십일조파가 생긴다면 단호하게 중단을 요구하고자 마음먹고 있었다. 십일조를 행하면 "이에수스의 구원 은혜에서 끊어진다."라는 무시무시한 사전 경고까지 해뒀다.

다행히 어디에서든 십일조 문제로 내분을 겪는다는 소식을 듣지 않았다. 초기교회공동체가 십일조만큼은 제대로 이해했기에 시끄러운 문제가 없었다. 교회 일꾼들은 십일조 없이도 교회공동체를 섬기는 일에 어려움이 없었다. 이미 야훼사랑·이웃사랑에 의해 나누는 교회공동체 문화가 정착되어 있었다. 십일조에 의해 좌우되거나 십일조 없이는 아무런 일을 하지 못하는 그런 적이 없었다. 그만큼 십일조헌금과 같은 돈이 없어도 얼마든 소명을 감당하는 공동체였다. 돈 비중이 중요하지 않았다. 오늘날처럼 돈 없이는 교회 사역을 할 수 없는 것과는 정말이지 너무나 달랐다. 진정한 교회공동체였다. 진정한 교회공동체는 돈이 없어도 세워질 수 있었고, 돈이 없어도 그 시대를 섬기는 사명을 감당했다.

파울로스 역시 자신의 생활비를 요구하지 않았다. 십일조헌금과 같은 뭔가를 만들어서 가능한 한 많은 돈을 모을 수도 있었다. 사실, 위대한 사도라서 탐욕과 야심이 있었다면 얼마든 요구할 수 있었다. 실제로 생활비는 물론, 선교비가 엄청나게 필요했다. 여러 지역에 3차 선교여행까지 다녀야 했기에 막대한 재원을 필요로 했다. 가난하고 병든 야훼벗들을 도울 일도 많았다. 그렇지만 자신을 위해서 한 푼도 요구하거나 받지 않았다. 어쩌면 야훼가 1%의 십일조도 챙기지 않았던 것과 유사했다. 다만 가난한 야훼벗들, 특히 당시 기근이 심한 이에루살렘 교회의 가난한 야훼벗들을 위한 성금은 요청했다.

그도 사람인지라 처음에는 섬기는 교회공동체에 생활비를 요구하려는 생각도 했을 것이다. 하지만 야훼벗들을 바라보자 마음이 바뀌었다. 일부를 제외하고서는 대부분 가난한 성도들이었다. 그러니 자신의 생활비와 선교비를 감당하라는 말을 할 수 없었다. 고민 끝에 결심했다. 차라리 떳떳하게, 돈에 대해서는 철저할 정도로 깨끗하다는 삶의 모습을 보여주고자 자비량 사역을 택했다. 돈을 사랑하는, 곧 돈을 최고로 여기는 배금주의자가 아님을 보여주려는 결심이었다. 받는 것보다 주는 것이 더 낫다는 이에수스의 가르침을 따르는 실천이기도 했다. 철저한 제자도를 요구하는 야훼나라의 원리대로 실천하기로 했다.

그래서 어릴 때부터 배운 천막 제조 기술로 생활비와 선교비를 해결하고자 했다. 때마침 파울로스가 가는 도시마다 로마 군대가 주둔했다. 로마 군은 늘 군용 막사가 필요했다. 파울로스는 주요 도시를 선교 교두보로 삼았다. 그러기에 일거리가 늘 있었다. 생활비와 선교비 벌기가 어렵지 않았다.

그런 결심을 하면서 혹시나 하여 자기처럼 자비량 사역을 할 수 없는 사람은 교회공동체가 생활비를 지원하는 것이 적절하다는 기록도 남겼다. 그의 편지를 받은 각 교회공동체는 구약 십일조 본질처럼 교회 일꾼들에게 기본 생계비 정도의 금원을 지원했다. 이 지원하는 일이 가장 최우선적인 일이었거나, 비중이 높은 일은 아니었다. 오늘날처럼 중소기업이나 대기업 사장과 같은 대우를 한다는 것은 상상조차 하지 않았다. 교회 일꾼들 스스로가 다 반환했을 것이다.

파울로스는 재원 마련을 할 때 십일조헌금처럼 규범화 하지 않았다. 자유롭게 내는 공동체 성금(Community Donation) 방식을 택했다. 이 방식은 자발적으로 정성으로 내는 성금이었다. 이 성금은 이미 폐기된 구약 십일조나 그 어떤 봉헌물의 대체물이 아니었다. 그 어떤 십일조 대체물도 없었다. 이에수스가 영원한 십일조가 되어 주셨기 때문이다. 이 성금도 이에루살렘 교회의 가난한 야훼벗들을 위해 성금을 모을 때만 요청했다. 일주일에 한 번씩 각자의 집에 각자가 정한 금액을 모아 두었다가 자기가 갈 때 다 가져와달라고 했다. 단 한 번뿐이었다. 그 이후에도 지속적으로 정례화 하여 그와 같은 방식으로 성금을 모으라고 하지 않았다. 특별한 경우라서 그렇게 한 차례 요구했다. 곧 '성금 교리'를 만든 것도 아니었다.

한편, 파울로스는 그 성금을 주려는 대상이 명확했다. 가난한 자들이었다. 교회 일꾼들이 아니었다. "십일조로 담임 사역자를 잘 섬기라."라는 기록은 전혀 없었다. 그들이 많이 받으면 받을수록 더 편하게 살고자만 한다는 것, 타락한 인간 탐욕의 발동으로 더 많아 받으려고 한다는 것, 나태해지고 타락할 수 있다는 것을 잘 알아서였다.

파울로스가 섬기던 초기교회들은 팀 사역이었다. 섬기는 일꾼이 한 교회에 한 명만 있지 않았다. 파울로스도 늘 팀을 구성하여 섬겼다. 위대한 사도였기에 얼마든 '스타 사도'나 '영웅적 사도'나 '교주 사도' 행세도 할 수 있었다. 그 당시의 교회는 "한 교회·한 지도자(One Church·One Leader)" 제도도 아니었다. 오늘날 개신교의 "한 교회·한 담임목사(One Church·One Senior Pastor)" 제도는 가톨릭의 "한 교회·한 사제(One Church·One Bishop)" 제도를 모방해서 만들었다. 이 가톨릭 제도도 성서를 근거로 한 것이 아니었다. 정치적 제도를 모방하여 만든 제도였다.

종교개혁 정신을 따른다면서 간판은 개신교 이름을 내걸었지만 그 내부를 들여다보면 가톨릭 요소들이 있었다. 이 같은 가톨릭 요소가 있으니 참된 교회공동체가 세워질 수가 없었다─파울로스는 교황이나 총회장 그 이상의 직책을 가질 수도 있었지만, 늘 '팀'을 구성하여 섬겼고 섬기는 교회도 '팀'으로 섬기게 했다

따라서 팀 사역은 여러 명의 생활비가 필요했다. 자칫 이 비용이 교회공동체의 심각한 문제가 될 수도 있었다. 이 문제로 힘들어진 교회가 있었다면 파울로스에게 조언을 구했을 것이다. 다행히 그런 문

제는 없었다. 교회 일꾼들은 CEO같은 월급이나, 하다못해 중산층 정도의 월급조차 요구하지 않았다. 기본 생계비로 살아갔다. 저축이나 노후대책은 상상조차 하지 못했다. 이는 자체적으로 잘 해결했다는 것을 뜻했다. 곧 인건비 같은 것은 오늘날과는 달리, 아예 문젯거리가 되지 않았던 것을 뜻했다. 돈이 없어도 교회공동체로서의 본래 역할을 잘 이행했다는 것을 뜻했다. 다른 것들, 교회 본질과 관련된 교회 내외적 문제들이 주 관심사였다.

파울로스가 요청한 공동체 성금도 아무나 요청하지 못했다. 파울로스처럼 신앙의 아버지 정도로 존경과 신뢰가 두터운 일꾼이라야 가능했다. 그런 관계성이라서 무엇이든 요청할 수 있었지만, 파울로스는 무리한 요구를 하지 않았다. 성금 목표 총액이 얼마라고 하거나 각자 의무적으로 얼마씩 내야 한다고 하지 않았다. 자발적으로 각자의 경제적 형편에 따라서 참여하게끔 했다.

다만 한 가지 강조한 점은 있었다. 성금 참여자가 어떤 동기이어야 하는 점이었다. 왜냐하면 비야훼벗들도 얼마든 구제나 기부를 할 수 있어서다. 그들과는 다른 구별된 성금이어야 했기 때문이다. 이 강조점은 구약 율법 본질이나 이에수스의 가르침과 유사했다. 파울로스가 성금 참여는 사랑의 동기이어야 한다는 점도, 이에수스가 가르친 야훼사랑·이웃사랑 동기와 연속성이 있었다. 먼저 야훼에게 드리는 마음으로, 기쁜 마음으로, 거룩한 관계성에 의해, 인색함이나 아까워함이 없이 순수하고 거룩한 사랑의 성금을 내는 것도 유사했다. 야훼에 대한 감사의 마음을 이웃에게 표현하는, 그래서 마지못해 억지로 체면에 의해 참여하는 것을 원하지 않았다. 어떤 '대가'를 바라는 성금 참여도 아니었다. 그저 주는 것으로 만족하고 기뻐하게끔 가르쳤다. 수치를 뜻하는 10%라든가 최소한 1%라는 단어조차 사용하지 않았다. 퍼센트에서는 완전히 벗어나 있었다. 각자의 형편에 따라, 자유롭게, 자발적으로 참여해야지 어떠한 강요가 있어서도 안 된다는 점을 강조했다. 이는 돈에 대해서만이 아니었다. 야훼 벗들의 삶 전체에 대한 원리였다.

특히, 파울로스가 십일조 단어조차 사용하지 않았던 것을 보면, 이에수스가 십일조를 계속 지상 끝날까지 준수하라고 하지 않았음이 명백했다.

매주 모았다는 것이 매 주일마다 이행하는 십일조헌금의 근거가 아니었다. 각자 집에서 모았다. 특별한 목적, 이에루살렘 교회의 가난한 성도들을 돕기 위한 성금이었다. 반드시 현금이 아니었다. 줄 수 있는 무엇이든 모았다.

따라서 교회공동체는 가능한 한 돈 없이도 사역을 할 수 있어야 했다. 가능한 한 내부적인 지출경비가 부담이 되지 않는 모임이어야 했다. 오히려 교회공동체 외적 사역에 재원을 집중적으로 사용했다. 곧 교회공동체의 고유한 역할, 세상을 섬기는 일에만 전념해야 하고, 이 일에 재원을 마련하여 사용했던 것이다. 그런 가운데 누군가의 요청이 있거나, 혹은 공동체적으로 필요성이 생길 경우, 자발적으로 내는 공동체 성금으로 도울 수는 있었다. 십일조헌금이 오히려 교회공동체로 하여금 타락으로 나아가게 했다면 어떻게 해야 하는가? 십일조헌금 없이는 교회공동체 사역을 할 수 없다는 것은 물질주의화한 증거가 분명하다. 초기교회가 십일조 돈 없이 사역에만 집중한 것을 왜 본받지 않았을까. 초기교회는 재원이 있었다면 대부분 교회 밖의 사역을 위해 사용했다. 종종 한국교회가 사도행전적 교회를 본받는다고 한다. 그런데 그들이 거대한 건물을 짓지 않았던 것이나 교회일꾼들에게 고액의 생활비를 주지 않았던 점은 왜 본받지 않을까?

십일조헌금을 중단해야 하는 이유들이 명확해졌다. 필요하다면 공동체 성금이어야 했다. 구약 시대의 건물성전은 더 이상 성전이 아니어서다. '새 성전'이 세워졌기 때문이다. 야훼벗들이 바로 새 성전이었다. 건물성전 시대는 끝났고 사람성전 시대가 열렸기 때문이다. 건물성전이 없기에 십일조를 바칠 수가 없어서다.

이처럼 파울로스의 공동체 성금 방식은, 오늘날 교회왕들의 요구에 의한 십일조헌금 방식과는 선명하게 대조가 됐다.

약간 변형 방법을 택한 교회당도 있었다. 들어오는 입구에 함을 설치했다. 십일조헌금과 각종 헌금을 예배시간에 바구니에 넣지 말자는 의도에 의한 일종의 대안이었다. 그런 다음, 예배시간에 함에 있는 것들에 대한 대표·상징 의미로 몇몇 봉투를 바구니에 담아 '봉헌물'을 바치는 예식을 거행했다.

하지만 이 행위도 여전히 구약 십일조 규례를 지키는 행위였다. 야훼와 이에수스가 요구하지 않는 행위였다. 특히 파울로스가 십일조는 십자가에 못 박혔다고 선포한 행위에 대해 정면으로 들이대는 행위였다. 이에수스가 참된 '봉헌물'이 된 사실을 완전히 깔아뭉개는 행위였다. 그것은 인간들이 만든 '봉헌물'이었다. 야훼에게로 나아가는 길은, 이에수스 외에는 다른 방도가 없다는 것을 알면서도 그런 짓을 해댄 것이다. '돈 봉투'로 나아가면 야훼가 너무나 기뻐하리라는 크나큰 착각이었다. 돈이면 무엇이든 다 가능하다는 한국사회의 부정부패를 닮은 일종의 '뇌물'을 바치는 행위라는 의심을 받을 수밖에 없었다. 되지 않는 일을 되게 해달라는, 모든 범죄행위를 잘 처리해달라며 건네는 뇌물문화의 영향이라고 말해도 할 말이 없을 것이다.

파울로스가 고대 그리스어로 기록한 문장에 대해서도 오역이 있었다. 오역의 동기는 뻔했다. 십일조헌금의 근거를 만들기 위해서였다. 파울로스가 '어떤 종류든 줄 수 있는 여유분 혹은 야훼가 주신 것에 따라(감사함으로)'를 '수입에 따라'로 오역했다. 소득의 10%, 십일조헌금의 정당성을 마련하려는 번역이었다. 파울로스 당시 야훼벗들은 많은 사람들이 무직자였다. 가난했고 노예 출신들도 많았다. 고정소득이 있었던 야훼벗들이 많지 않았다. 그렇다고 파울로스가 소수의 사람들만 대상으로 하지 않았다. 공동체 전체를 대상으로 했기에, 전 개별체가 할 수 있는 점을 고려했다. 그러기에 반드시 고정수입에 의한 성금만을 뜻하지 않았다.

또 다른 오역은 "힘에 지나치도록 헌금했다." 였다. 이는 많은 액수, 10% 그 이상, 혹은 소득 그 이상의 헌금을 했다는 뜻이 아니었다. 극심한 힘든 고난 가운데에 있으면서도(얼마를 기부했는지 모르지만) 헌신된 마음, 사랑의 동기로, 성금에 참여한 공동성금 참여자에 대한 표현이었다. 파울로스는 야훼벗 자신, 곧 인격 전체, 삶 전체로 헌신하는 것을 강조했다. 그 어떤 기록이든 십일조헌금과는 관련이 없었다. 생각해보라. 생활비를 몽땅 다 바치면 그 가족의 생활은 어떻게 영위했겠는가. 남의 도움을 받아야 하지 않겠는가. 그러다가 불치병이라도 걸리면 누가 치료비를 감당해줬겠는가. 교회공동체가?

어느 야훼벗이 힘에 지나칠 정도로 헌금해야 한다는 가르침을 듣고서 6개월간 월급 전부를 헌금했을 때 교회당은 극찬을 아끼지 않았다. 왜냐하면 실상은 교회왕의 수입이 늘어나서다. 사실은 어려운 형편이었기에 돌려주어야 할 돈이었다. 그 후, 그의 삶이 어려워지자 교회왕은 그를 외면했고 오히려 슬며시 딴 곳으로 옮기라고 했다. 그는 큰 상처를 입고서 이단단체로 가버렸다. '힘에 지나칠 정도의 헌금' 을 오해한 결과였다. 또한 교회공동체가 물질을 힘껏 바치라고만 했지 더 중요한 가정공동체에서의 물질생활에 대해 바르게 가르치지 않은 결과였다.

파울로스의 공동체 성금에 대한 기록 중 유의할 점이 있었다. 강요, 강제, 강압, 강박 등 그 어떤 구실로도 억지로 성금에 참여하게 하는 것을 금지했다는 점에 매우 유의해야 했다. 초기교회는 파울로스의 이 금지 요구를 잘 따랐을 것 같다. 그래서 돈 문제로 시끄러운 곳이 없었다.

파울로스의 공동체 성금이 십일조의 대안도 아니었다. 어떤 헌금의 기준을 세워주려고 한 것도 아니었다. 농경사회의 십일조가 산업 경제사회의 현금으로 바꿔진 것도 아니었다. 십일조의 운명은 끝났을 뿐이다. 어떻게든 십일조를 살리려고 해도 살릴 수 없는 영원한 폐기장으로 보내졌기 때문이다. 십일조의 정신과는 다소 연결되는 부분이 있지만, 이는 십일조만이 아니라 모든 율법 전체와 관련된 부분이다.

파울로스가 공동체 성금을 보편화 하거나 정례화 하고자, 혹은 반복해서 지속적으로 해야 하는 의무라서 기록한 것도 아니었다. 성금 그 자체도 예배적 행위라서 반드시 교회당 안으로 가져와야 하는 것도 아니었다. 모든 것은 거룩한 영의 인도와 조명을 받는(매우 긴요한 전제), 교회공동체 스스로 결정할 사안이었다. 각 교회공동체의 사정은 각 개별체들이 잘 알고 있어서다. 파울로스가 '선교적 상황'에서 영의 인도와 조명을 받으며 야훼의 뜻을 발견하며 응답했던 것처럼, 야훼나라의 선교 참여자들도 영의 인도와 조명 아래 야훼의 참된 뜻을 발견하여 자유롭게, 자발적으로, 사랑과 감사의 동기에 의해, 어떤 대가(모든 복, 만사형통, 무병장수 등)를 바라지 않고서 그의 뜻에 합당한 일이라면 무엇이든 결정할 수 있어서다. 성금 참여는, 야훼의 뜻인 세상 만민을 구원하려는 야훼의 세계선교에 동참하는 한 가지 방법이었다. '의무'가 결코 아니었다. 또한 성금만이 아니었다. 삶 전체가 참여해 있어야 했다.

이에수스 외에는 그 어떤 것으로도 야훼에게 나아갈 수 없다. 이에수스의 죽음에 의해 언제든 어디서든 야훼에게 나아갈 수 있는 길이 열려 있어서다. 더 이상 이에수스를 옆으로 밀쳐내고 십일조헌금 봉투 들고서 교회당으로 찾아오는 행위를 하지 말아야 한다. 공동체가 재원이 필요하다면 성금 형식으로 모아서 해결해야 한다. 가능한 한 내부적으로 돈이 많이 들지 않는 방향으로 소명을 감당해야 한다. 누군가가 자발적으로 기부를 많이 했다면 곧바로 교회 밖 고통 받는 자들에게나 사회적 약자들에게 보내져야 한다. 그 성금은 야훼가 교회당을 위해 사용하라고 주신 것이 아니라, 이웃을 위해 사용하라고 주신 것이기 때문이다.

✝ **토론을 위한 질문**

1. 초기교회공동체는 십일조를 어떻게 이해했던 것 같은가?

2. 파울로스는 어떤 목적으로 공동체 성금을 요청했는가?

3. 파울로스의 자비량 사역이 어떤 장점이 있는가?

4. 초기교회공동체가 교회 일꾼들에 대한 인건비를 어떤 방식으로 해결한 것 같은가?

5. 한국교회가 재정 문제 해결을 위해 초기교회공동체의 어떤 점을 배울 수 있는가?

6. 오늘날 "돈 없이는 교회공동체를 세울 수 없고, 교회 사역을 할 수 없다"라는 말을 어떻게 생각하는가?

제6부

그 이후

막을 수 없는 변화!

그 이후

후유증

무슨 일에든 충격이 있으면 후유증이 있기 마련이다. 더구나 130년 동안 교회당에 바친 십일조헌금이 사기라는 것을 알게 됐으니 그 충격과 후유증 정도가 어떠했겠는가. 놀랄 일이 아니었다. 매우 자연스러운 현상이었다.

십일조 노예해방서가 세상에 등장하자, 여러 측면에서 후유증이 발생했다. 다행히 걱정한 것보다는 심각하지 않았다. 그만큼 한국 야훼벗들의 신앙사고가 성장했다는 증거였다. 또한 평소에 늘 가졌던 의문점이었기 때문이다.

'긍정적인 후유증'이 더 많았다.

많은 수의 야훼벗들이 수십 년간 십일조에 대한 의문점이 풀렸다는 기쁨, 십일조 노예살이에서 벗어났다는 기쁨이 매우 고조되기 시작했다. 십일조헌금에 대한 성서적인 해답, 곧 야훼의 뜻을 잘 알게 되어서 돈에 대해 자유로워졌다는 점도 있었다. 특히 경제적인 어려움에 직면한 야훼벗들은 해방자가 찾아왔다며 기뻐했다. 십일조헌금 내고서 은근히 그 대가를 기대했던 것도 버리게 됐다고 한다. 야훼를 시험하려고 했던 것이다. 또한 세상 속에서도 자긍심을 더 가지게 됐다고 한다. 십일조헌금을 내지 않는 야훼벗이 됐다는 이유였다. 어떤 여자 야훼벗들은 남편 눈치 볼 일이 없어져서 너무나 마음이 편하다고 했다. 남편 몰래 십일조를 내야 하는 데서 해방되었기 때문이다. 그 외에도 많은 긍정적인 변화들이 있었는데 일일이 다 적을 수가 없을 정도다.

반면, 힘들어진 경우도 적지 않았다. 많은 수의 야훼벗들에게 교회왕들과 십일조헌금으로 인한 '외상후스트레스장애' 증세가 발생했다. 이는 오래 전부터 교회당에 갈 때마다 생긴 증세였다. 십일조헌금 그 자체가 스트레스였다. 혹은 그 누구에게도 십일조헌금에 대한 의구심을 말하지 못하고 끙끙 앓다보니 심한 스트레스를 앓아왔던 것이다. 게다가 수십 년 동안 절대 불변의 진리로 여긴 십일조가 날조며 사기라는 것을 알게 되자 심한 충격을 받아 공황장애에 시달리는 야훼벗들도 생겨났다. 충격이 너무나 커서 무엇을 해야 할지 모르는 공황장애였다. 그래서 정신건강의학과를 찾는 숫자도 증가해 갔다.

여러 유형의 사람들에 의해 갖가지 반응이 일어났다.

'전통파들'이 제일 먼저 나섰다. 130년 동안 해오던 것을 갑자기 바꿀 수 없다고 했다. 그냥 해오던 대로 밀고나가자고 했다. 십일조 헌금을 폐지하고 공동체 성금으로 전환하면, 당장 교회당 수입 금원이 반 토막이 날 것이라며 결사반대였다. 인건비, 건물 관리비, 교회당 건축 당시의 대출 원리금 상환금이 필요한데 누가 다 충당할 것인가 하고 반대했다. 이들은 십일조헌금이 잘못된 것이라는 점에는 다들 인정했다. 그렇지만 전통과 관행을 더 중히 여겼다. 한국사회 어디서 많이 들어보던 말이었다. 그래서 늘 개혁을 하지 못한 채 항상 그릇된 전통 안에 머물렀다.

'생각하는 야훼벗들'이 전통파들에 대해 반론을 제기했다. 그렇지 않다. 처음에는 약간의 차이가 있을 수 있다. 모든 사정을 다들 잘 알기에 반 토막 현상이 일어나지 않는다. 야훼벗 총회를 개최하여 어떻게 낼 것인지 결정하면 된다. 이제 야훼벗들도 많이 성숙해졌다. 어려우면 교회당 부지를 팔면 된다. 앞으로 부동산 가격이 점점 하락한다. 땅값 더 떨어지기 전에 그나마 제값을 받을 수 있을 때에 팔아서 새로운 방향으로 출발하면 된다. 전통파들이 고민하지 않을 수 없었다.

'해외 도망파들'은 갑자기 사라졌다. 주로 십일조헌금을 자기 수입으로 여기고서 마음대로 챙겼던 교회왕들이었다. 이런 날이 올 수도 있다며 평소에 상황이 여차하면 도망갈 만반의 준비를 해둔 사람들이었다. 해외에 나갈 때마다 외화를 가지고 나가서 부동산까지 사됐던 것이다. 도망 직전에도 십일조 통장 잔고를 다 인출하여 떠나 버렸다. 야훼벗들이 출국정지 신청을 했지만 이미 출국한지라 소용이 없었다.

'중도파들'은 어느 편에도 따르지 않겠다고 했다. 그러다 보니 교회당이 죽도 밥도 되지 않는 괴상한 상태에 놓여 있었다. 시간만 낭비한다는 비판을 받아도 기도하면 되니 기다려보자고 했다. 진리를 따르기보다는 항상 현실적 상황을 따르려는 현실주의자들이었다.

'분노·증오파들'은 감정이 폭발하지 않을 수 없었다. 기다렸다는 듯했다. 평소에 뭔가 이상하다는 생각을 했는데 사실로 밝혀졌다며 즉각 행동에 돌입했다. 수십 년 동안 속아서 살았다며 제일 먼저 교회왕의 고급 외제 승용차부터 빼앗았다. 교회왕이 그의 아들을 유학 보낸 미국에 특별조사단까지 보냈다. 교회왕의 멱살까지 잡는 소동이 일어나서 경찰이 출동까지 했다. 그들 중 어떤 이들은 잠을 잘 수 없었다. 끓어오르는 분노를 통제할 수 없어서다. 어떤 이들은 분노를 가누지 못해 한강 다리를 왔다 갔다 했다. 교회왕의 친척을 교회당 재정직원으로 채용할 때부터 의심했는데 이제 그게 현실이 됐다면서 그 어떤 말도 귀에 들어오지 않았다.

'무기력파들'은 더 주저앉았다. 더 지쳐버렸다. 그동안 십일조 헌금을 내는 것도 힘들었는데 날조며 사기극이었다고 하자 더 주저앉았다. 생각할 힘조차 없었다. 가뜩이나 부동산 투기에 속아서 수억 원을 잃었는데 또다시 사기를 당했다는 것을 알게 되자, 밥 먹을 힘도 심지어 기도할 힘조차 없어졌다.

'소송파들'은 곧바로 변호사들을 선임했다. 변호사들을 통해 가장 먼저 교회당과 교회왕들의 재산 조회부터 시작했다. 동시에 '십일조 헌금금지 특별법'과 사돈의 팔촌까지 재산을 조회할 수 있는 특별법까지 제정하기 위한 세미나를 개최했다. 야훼나라는 철저한 제자도를 요구받기에, 법률 제정도 엄격한 조항이 있어야 한다고 했다.

'계산파들'은 교회왕 계산파와 야훼벗 계산파 둘로 나뉘었다. 교회왕 계산파들이 먼저 계산기를 두들겨댔다. 구약 시대는 매년 10%가 아니라 20-30% 십일조를 바쳤다는데 그동안 제대로 받지 못한 것에 대한 손해액을 계산했다. 법정이자 5%까지 합산했다. 앞으로 십일조 10%를 받지 못하게 될 손실액까지 산정했다. 총회에 보고서를 제출하기로 했다.

몇몇은 푸념을 늘어놓았다. 갖가지 고생하면서 개척하여 이제는 먹고살 만한데 『십일조에 못 박힌 십일조』라는 책이 나타나서 노후 대책까지 다 흔들어 놓았다며 인생의 원수라고들 했다. 산통을 다 깨버렸으니 조속히 대응책을 마련하기로 결의했다. 받은 월급에서 진작 5%라도 주고서 입막음을 해야 하는데 너무 늦었다며 다들 시름에 잠겼다.

반면, 야훼벗 계산파들은 그동안 바친 십일조헌금을 계산해봤다. 어마어마한 금액이었다. 매년 낸 십일조헌금에 대한 이자까지 다 계산을 해봤다. 동시에 앞으로 10%를 내지 않았을 경우에 이익은 얼마인지도 계산하여 통계자료를 만들었다. 무엇보다 그동안 낸 경조사비가 제일 억울하다는 생각이 들었다. 그래서 출석하는 교회당이 해체된다면 받을 수 없는 경조사비가 얼마인지를 미리 확인하고자 했다. 함께 모여 어떻게 해결해야 하는지를 의논하기 시작했다. 최소한 자녀들 결혼식은 마치고서라도 해체하든지 하자는 건부터 결의했다.

'교회왕 아집파들'은 몹시도 불쾌해 했다. "성서는 성서로 해석해야지 달나라에 온 듯한 듣지도 못한 석의방법으로 해석해야 하는가?" 하며 십일조헌금 폐지를 거부했다. "이 번역이면 어떠하고 저 번역이면 어떤가? 은혜만 받으면 되며, 모든 일이 잘되기만 하면 된다."라며 거부이유까지 제시했다. 결과만 좋으면 악도 선이 된다는 것이다. 십일조 이단이라는 말을 들어도 좋다고 했다. 결코 십일조헌금을 놓아줄 수 없다고 주장했다.

'생각하는 야훼벗들'이 그들에게 "성서를 성서로 해석한다는 것이 무슨 뜻인가?" 하고 물었다. 그러자 대답은 하지 않고 얼굴만 붉혔다.

'생각하는 야훼벗들'은 교회개혁파와 연합하여 십일조헌금 문제를 지혜롭게 해결하기로 했다. 먼저 세미나를 열었다. 그동안 십일조헌금의 심각성을 알았지만 해답을 몰랐는데 이참에 철저하게 폐지운동을 열기로 했다. 야훼벗들의 신앙사고가 기복화 한 오류, 다른 한편으로는 속물화 한 오류를 제거할 수 있는 묘책이라고들 했다.

야훼가 주는 합리적인 지혜로 대안도 마련하기로 했다. 노동부 고시 기본 생계비를 참고로 하여 교회사역자 인건비에 대한 참고자료를 만들었다. 이 결단은 진정한 교회사역자인지 아닌지를 식별할 수 있는 기회라고들 했다. 진정한 사역자는 이 정도라도 받고서 계속 교회 사역을 할 것이며, 그렇지 않은 사역자는 떠날 것임을 알아서다. 인건비를 확 줄인 다음, 교회재원을 대부분 교회 밖 세상을 위해 쓰도록, 우선 선교와 구제 사업에 사용하는 권고안도 만들었다. 종교개혁정신도 재확인했다. "모든 야훼벗들은 다 종교개혁자다. 날마다 성서에 계시된 야훼의 뜻에 의해 지속적으로 변혁하는 것이 종교개혁 정신이다."

마침내 야훼벗 총회가 열리다

마침내 각 교회당마다 야훼벗 총회가 열렸다. 열지 않을 수 없었다. 날마다 각 교회당으로 야훼벗들의 전화가 폭주했다. 대형교회들은 언론기자들의 취재요청에도 시달려야 했다.

다행히 종교개혁 정신으로 되돌아가야 한다는 공감이 형성됐다. 십일조헌금 행위에 대한 참회기도회부터 시작됐다. 또한 초기교회 공동체처럼 거룩한 영의 인도하심을 위해서도 기도했다. 그들은 1세기 야훼벗들이, 그 극심한 박해 속에서도 그 많은 문서들 중, 정경 66권을 선정할 정도로 거룩한 영의 인도하심을 성숙하게 잘 받았다는 점에 큰 힘을 얻었다. 영의 인도에 의해 각 공동체가 나름대로 무엇이든 결정할 수 있다는 희망을 가졌다. 십일조헌금도 영의 인도하심으로 분별하여 폐지하기로 했다. 그 대신, 성금 형식으로 재원을 마련하기로 했다. 인건비도 기본생계비 수준에서 산정하기로 했다.

ㅇ교회당 교회왕은 그동안 교회왕 노릇을 한 짓을 참회한다고 했다. 그러니 더 이상 교회왕이 되지 않게 해달라고 했다. 같은 만인 제사장으로 살아가겠다며 사임을 했다. 택시기사라도 하여 가족을 책임지겠다고 했다. 그가 용서를 구하자 야훼벗들 모두 다 눈물로 용서했다. 언론기자들이 앞뒤 다투면서 취재하여 보도하기 시작했다.

ㅅ교회당은 다른 곳보다 급박한 변화가 있었다. 진행은 차분했다. 십일조의 원래의미를 알게 된 장로들과 야훼벗들은 먼저 더 이상 십일조 노예로 살지 않기로, 물질축복 추구도 버리기로 만장일치로 결의했다.

사실, 이 교회당은 그 전부터 고민에 빠져 있었다. 서울 인구가 점점 줄어들자 야훼벗 수도 줄어들었고, 무엇보다 매년 헌금 액수도 급강하했다. 앞으로 무슨 문제가 일어날지 모른다는 것을 예견했다. 유럽교회들처럼 관리비조차 없어서 매매나 경매에 의해 부동산에 내놓아야 할 수도 있다는 걱정에 휩싸여 있었다.

그래서 교회가 소유한 부동산을 팔기로 했다. 그 매매금으로 50여 명의 소규모 작은 공동체로 흩어지는 분립교회를 세우기로 했다. 반대 목소리도 높았다. 주로 기득권자들의 주장이었다. 대형교회의 역할을 할 수 없다는 점을 가장 큰 이유로 제기했다. 다행히 지혜로운 해법을 찾았다. 분립교회를 세우되, 연합정관을 잘 만들어서 필요할 경우, 얼마든 대형교회가 하는 일을 서로 연합하여 할 수 있다는 해법이었다.

또 다른 몇 가지 이유가 있었지만 어렵지 않게 해결됐다.

첫째, 한국교회의 역사적·상징적 교회로 남아 있어야 한다는 이유였다. 처음엔 이 이유에 대해 다들 아무런 말을 하지 못했다. 그럴듯해 보였기 때문이다. 하지만 '영원히 이곳에서 자손대대로 이어진다는 보장을 누가 할 수 있는가?' 하며 이것부터가 관건이라며 열띤 토론을 지속했다. 건물 형태가 아닌, 다른 방식으로 역사적·상징적 교회로 남을 수 있다는 것도 알게 됐다. 공동체가 고난에 동참하는 방식이었다.

하여튼 교회 창립 이래 이렇게 진지하게 토론한 것은 처음이었다. 너무 늦었지만 토론문화가 형성됐다며 기뻐했다. 자유로운 토론에 의해 여러 가지 의견들이 제시됐다. 절대자 앞에서 모든 것을 상대화 할 수 있어야 한다는 것, 그렇지 않으면 이 건물이 더 영광을 받고 더 관심을 받는다는 것, 그러다가 나중에는 성지처럼 정해질 수 있거나 폐지된 성전처럼 성전화로 이어지는 상업화로 돈벌이 대상으로 타락한다는 것, 점점 사람들은 야훼와 멀어지고 이 건물과 더 친숙해지며 그러다가 타성에 젖는다는 것, 유교적 체면사상일 수도 있다는 것, 어제의 은총은 어제의 것이며 날마다 새 은총 안에 머물

러야 한다는 것, 교회란 원래 세상을 위해 존재해야지 교회가 교회를 위해 존재할 때 타락의 길로 가게 된다는 것, 그러니 고난에 동참하는 공동체라야 진정한 의미의 역사적 교회로 길이 남는다는 것, 유럽교회가 공동체적으로 부활의 영광을 누렸지만 십자가의 고난에는 동참하지 않다가 사양길로 가게 된 교훈이 있다는 것, 위대한 사도 파울로스가 세웠던 역사적 교회들도 다 사라진 점도 고려점이라는 것, 우리끼리 상부상조하면서 좀 편하게 신앙생활을 하자는 속셈이 있다는 것, 일주일에 한 번만 주로 사용하고 주중에는 빈 건물이라는 것, 무엇보다 야훼벗 수 급감으로 관리비조차 내기 어려워질 수 있다는 것 등의 이유로 팔기로 했다.

둘째, 교회학교에 관한 이유가 있었다. 아이들의 신앙교육을 어떻게 할 것인가라는 고민이었다. 그런데 한 가지 중요한 사실을 모르고 있었다. 원래 교회학교는 영국에서 시작될 때 부모가 없는 아이들을 위해서 시작됐다. 자녀신앙교육은 부모의 책임이었다. 그래서 가족 전체가 늘 같이 예배에 참석했다. 그러다가 오늘날의 교회학교 체제로 전환됐는데 공헌점도 있었지만, 더 큰 문제점을 자아냈다.

우선 부모들이 자녀신앙교육을 교회학교에다 맡겨버리는 왜곡된 문화가 형성된 점이었다. 그러다보니 교회학교에서 잘 가르쳐도 좋은 결과를 거둘 수 없었다. 세속문화가 거대한 파도처럼 자녀들을 삼켜도 속수무책이라는 데에 동의했다. 시간적으로도 교회학교는 일주일에 한 번뿐이라는 시간적 제약부터가 문제였다. 게다가 삶으로 가르쳐야 하는데 그런 점에서 각 가정이 더 적절한 신앙교육의 장이었다. 이뿐 아니라 왜곡된 문제점들에 대해 계속 제기됐다. 교회당은 일주일에 한 번 와서 성서공부를 하는 곳, 학교는 입시교육을 받되 간혹 잠자는 곳, 진짜 집중적인 입시교육은 학원에서, 밥 먹고 잠자며 필요한 것을 지원받는 곳은 가정이라는, 분리된 삶의 자리가 형성된 것이다. 사실, 신앙교육을 가장 잘할 수 있는 곳은 가정교회였다. 매일 삶을 나누는 곳이다. 부모에게서 신앙의 영향을 받아야 하는데 부모와 자녀사이에 신앙의 교제, 신앙의 대화부터 이루어지지 않았다. 야훼와 신앙관계성이 이루어져야 하듯, 부모와 자녀 사이에 신앙관계성이 형성되어야 하는데 실제로는 그러하지 않았다. 혈육관계로만 유지될 뿐이었다. 그러다보니 가정공동체에도 한국사회의 부정적인 것들이 침투할 수 있었다. 부모의 직업, 뒷바라지 능력, 유산 능력 등에 의해 자녀들에게서 평가와 존경을 받는 지경에까지 이른 것이다. 용돈을 잘 주는 부모와 조부모가 존경받는, 가정도 돈에 의해 평가받고 있었다. 야훼가 가정공동체에 준 부모의 권위가 돈에 의해 인정받았다. 이는 권위상실을 뜻했다. 그래서 이 기회에 아이들 신앙교육은 가정교회 중심으로 전환하되, 분립교회들은 안내하며 협력하는 방향으로 나아가기로 결의했다.

셋째, 좋은 설교를 들을 수 없다는 이유였다. 이 이유에 대해 여러 번의 토론이 있었다. 그 토론 과정에서 한 가지 중요한 사실을 찾았다. 가장 뛰어난 명설교란, 다름 아닌 성서를 잘 가르쳐주는 설교, 곧 성서 본문의 원래의미를 잘 가르쳐 주는 것임을 알게 됐다. 그 원래의미 속에는 야훼의 뜻이 있어서다. 그래서 분립교회들과 뜻을 같이하는 다른 교회들의 설교봉사자들이, 매주 한 번씩 모여 동일한 본문에 대한 석의설교공동연구를 하기로 했다. 야훼벗들이 어디를 가더라도 동일한 야훼 말씀을 들을 수 있게끔 하자는 것이다. 오히려 진정한 의미에서 야훼 말씀을 들을 수 있을 것으로 확신했다.

부지 매각 공고가 나가자마자 하루 만에 여러 기업들이 입찰하겠다는 연락이 왔다. 재무구조가 가장 견실한 기업이 결정됐고, 그 기업 회장은 이곳에 사옥을 짓는 것이 평생 꿈이었다며 매우 고마워했다. 그는 감격한 나머지 매년 순이익의 5%를 기부하는 약정서를 작성하겠다고 했다.

매각대금으로 어떤 분립 교회들을 세울 것인가도 쉽지 않았다. 하지만 야훼벗들이 이전과 같지 않았다. 그간 많은 고민들을 한 결과인지 다양하며 기발한 아이디어를 내어 놓았다. 가난한 어르신들을 위한 요양원 겸 전원교회, 대안학교, 도시 폐교학교를 구입한 문화공간, 마을도서관, 연구소, 장애인을 위한 시설, 해외선교사들과 빈곤층을 위한 주택, 녹지가 없는 지역의 공원 조성 등, 결심을 하자 여러 가지 좋은 방안들을 찾을 수 있었다. 교회가 공동체적으로 진정으로 낮아지며 지하공간에서라도 세상을 섬기며 고난에 동참하는 것을 보여주게 됐다며 다들 흐뭇해했다. 공동체가 먼저 고난에 동참하면서 개별체에게도 고난 동참을 권면하지 못한 점까지 뉘우쳤다.

정부 관련 부처도 감동을 받아서 서로 이중지출이 되지 않도록 역할을 나눠서 하자며 먼저 제안을 해왔다. 필요할 경우 모든 자료제공과 지원을 아끼지 않겠다고 했다. 감동이었다. 원래 교회공동체란 세상을 위해 존재하되, 감동을 주면서 포교활동을 하는 것이 매우 적절한 방법이었다.

일부 대형교회들도 뒤따랐다. 전부 다는 아니었다.

30년이 지난 후였다. 정말이지 땅값이 폭탄 맞듯 반 토막으로 떨어지기 시작했다. 자연인구가 확 줄어들자 교회인구도 같이 줄어들었다. 우려했던 것이 현실로 나타났다. 텅텅 빈 사무실, 반 토막이 난 아파트, 이삭줍기처럼 된 다세대 주택, 고집 피우던 교회당들은 가슴을 치면서 통탄했다. 하지만 이미 늦었다. 야훼의 때를 놓치지 않는 자들이 진실한 순종자라는 교훈을 잊은 것이다. 점차 인건비와 관리비 내기도 어려웠다. 헐값에 매각됐다. 대출이자를 상환하지 못해 경매에 내놓기도 했다.

마침내 개신교 총회가 열리다

각 교회당에서 야훼벗 총회에 의해 변혁의 바람이 거세게 일어났다. 바람은 또 다른 바람을 불러일으키듯 개신교 총회가 열렸다. 분열했던 교단 이름의 간판을 다 내려놓고서 '한국교회(The Church of Korea)'라는 하나의 교단이 된 총회였다.

역시 참회기도회부터 시작됐다. 그동안 야훼의 뜻을 어긴 반성제목들을 종이에 다 적어서 제출했다. 십일조헌금에 대한 것은 물론, 그 반성제목에 대한 참회도 시급했다. 수입교단에 의한 외세 의존, 사대주의적 맹종에 대한 잘못, 서로 높은 자리를 차지하려고 한 잘못, 그 자리를 이용하여 야훼벗들에게 인정받으려고 한 잘못, 말씀 연구를 야훼에게 바치는 예물처럼 진지하게 전심전력을 다하지 않고 대충 감각으로 한 잘못, 야훼 말씀인지 아닌지 확인도 하지 않고 야훼 말씀이라고 속인 잘못, 게을렀던 잘못, 십일조헌금을 요구한 잘못, 사례비와 각종 명목으로 지급액을 많이 받은 잘못, 십일조헌금을 유용한 잘못 등 끝이 보이지 않았다.

오전 내내 참회를 하자 거룩한 영이 강력하게 임했다. 다들 지금까지 살아오면서 이와 같은 경험을 한 일이 없었다.

한국교회에서 덕망이 있는 분으로 알려진 분이 강단에 섰다.

"저는 목회 초기에는 결코 교회왕이 되지 않겠다고 결심했는데 야훼벗 수가 증가하면서 어느 날 자신도 모르게 교회왕 자리에 앉았던 죄인입니다. 제가 이에수스를 다시 십자가에 못 박히게 하려고 했던 살인교사범입니다. 십일조헌금에 대한 문제점을 알고서도 그냥 필요하여 침묵하면서 받았던 죄인입니다. 강아지 사료비까지 요구하며 챙긴 후배 목사를 책망하지 못한 죄인입니다. 한국사회가 돈 사회가 되는 것을 보고서도 기도만 하거나 구경만 했던 죄인입니다……"

한 사람만이 아니었다. 뒤이어 몇 사람이 동일한 발언을 했다. 온통 눈물바다를 이뤘다. 1907년 평양참회 때에 강력하게 역사했던 거룩한 영이 이날에도, 아니 그때보다 더 강력하게 참석자들의 마음을 내리치듯 했다. 누구에게 홀린 것이 아니었다. 분명히 제정신 상태였다. 거룩한 영이 참석자들의 인격을 어루만지는 거룩한 영의 유기적인 사역이었다.

기도회를 마치고서 십일조헌금 문제에 대해 토론했다. 오래 걸리지 않았다. 이 용어를 사용하지 않기로, 또한 공동체 성금으로 운영하되 그 모든 일은 각 교회 야훼벗 총회에서 하기로 의결하고서 헤어졌다.

십일조와 관련하여 몇 가지 사항도 의결했다. 첫째, 130년 전, 한국교회 초기 때 십일조헌금도 해외에서 수입된 제도였으니, 이런 폐단을 밟지 않고자 '수입 기독교'와 '수입 신학'에서 벗어나야 한다고 의결했다. 그래서 '수입 가톨릭'도 아닌 '수입 개신교'도 아닌, 성서가 말하는 야훼나라의 참된 교회공동체를 세우기로 했다. 신학도 세계 어느 학자들이 연구하지 못한 연구물로 새로운 21세기 방향을 제시하자고 했다. 더 이상 유학 행렬이 이어지지 않아야 하며, 오히려 해외에서 유학을 오게끔 해야 한다는 데 서로 동의했다. 특히 한국에 오지 않으면 성서를 제대로 배울 수 없을 정도의 수준이 되게 하자고 했다. 그래서 우리말부터 먼저 배우게끔 하자고 했다. 영어로 할 경우 여전히 문화종속에서 벗어나지 못한다는 이유였다. 아울

러서 구미인들은 영어 등 언어 하나만 가지고도 먹고살았다는 것, 그로 인해 한국의 국부유출이 엄청났으니 우리도 이제는 우리말 하나로도 먹고살게 해야 한다는 것, 우리문화를 더 발전시키는 계기가 된다는 것, 야훼의 주권적 섭리에 대해 민감해야 한다는 등의 이유도 있었다. 둘째, 석의를 근거로 하지 않는 설교에 대해 깊이 뉘우치는 뜻에서 석의공동연구기관을 세워 모든 설교봉사자들과 공유하기로 의결했다. 그래서 누구든 성서 본문에 대해 의문점이 있다면 언제든 대답해줄 수 있는 체제를 마련하기로 했다. 또한 야훼벗들이 어느 공동체로 가든 동일한 석의설교를 들을 수 있는, 평준화 작업이라고들 하며 기뻐했다.

약삭빠른 자들은 십일조헌금 폐지에 의한 막대한 손해를 볼 수 없다며 개신교 총회를 이탈하여 자기들끼리 새로운 총회를 설립했다. 차마 '십일조헌금' 때문이라고는 말할 수 없었다. '정통 수호'라는 늘 써먹던 구실을 내세웠다. 평소, 무인가교단, 불법교단이라고 비판했던 자들이 찾아오자, 지금은 그런 것 가릴 때가 아니라며 대환영이었다. 그들 중에는 십일조 교단도 포함돼 있었다. 숫자가 중요하다며 어중이떠중이까지 다 합쳐서 세를 과시했다. 늘 이런 자들은 있는 법이다.

그 다음날, 이 이탈에 대해 언론에 크게 보도됐다. 기사 제목은 "정통인가 밥통인가?"였다.

십일조헌금 금지법이 제정되다

십일조헌금 폐지에 대해 여러 교회당과 개신교 총회에서까지 결정했지만, 한국교회가 60% 정도밖에 참여하지 않았다. 게다가 시간이 갈수록 날마다 조용한 날이 없었다. 어느 교회당들은 전쟁 같은 일들이 발생했다.

그러자 언론기관과 시민단체들이 나섰다.

처음에는 다들 큰 기대를 가졌다. 이제야 교회다운 교회가 되리라고 믿었다. 아, 그게 아니었다. 개신교 스스로 변혁시킬 가능성이 없다는 것을 알았다.

그래서 국회에 '십일조헌금금지법' 제정을 위한 청원서를 제출했다. 야훼의 명령법이니 '김영란법' 보다 더 엄한 법률이어야 한다고 누누이 강조했다.

국회의원들 중 야훼벗들이 먼저 발의했다. 다음 선거 때 낙선되더라도 이 법안을 통과시키자는 데에 동의했다.

그들이 발의하게 된 몇 가지 이유가 있었다. 첫째, 시민단체의 청원에 따르지 않으면 어차피 그들이 낙선운동을 한다는 것이다. 이래저래 낙선 대상이 됐으니 좋은 일이라도 하자는 것이다. 둘째, 출석하는 교회당이 날마다 십일조헌금에서 비롯된 시끄러운 문제를 해결할 수 있다는 것이다. 셋째, 교회당 바깥 여러 단체와 기관에 혹은 형편이 어려운 개인에 대해 마음껏 성금을 낼 수 있게끔 하자는 것이다.

경제정의를 실현할 수 있다는 것이다. 넷째, 무엇보다 상식에 의해서라도 십일조헌금은 종교세처럼 강요하는 행위가 분명하니 이 행위를 금지하게 함으로써 법률제정 업적이 될 수 있다는 이유였다.

법안이 발의되자 반대 측에 있던 교회왕들이 가만히 있지 않았다. 매일 모여서 기도회까지 했다. 로비 전략도 세웠다. 종교 탄압이라고까지 하기로 했다. 더 심한 것은 야훼의 종들에게 해를 끼치면 야훼의 저주가 임한다는, 해서는 안 되는 말까지 하기로 결정했다.

하지만 그런 공갈 협박에 넘어가지 않았다. 지지하는 야훼벗들과 시민단체와 언론기관에서 강력하게 제정을 요구했다.

드디어 통과됐다. 역사적인 날이었다. 그날, 다들 한 가지 공통된 말을 했다. "드디어 아집을 부리던 교회왕들에게 저주가 아닌 복이 임했다."

십일조헌금 금지법! 그동안 사기 친 십일조헌금으로 행복하다며, 즐겁다며, 모두 다 야훼의 은혜라며 안정과 풍요 속에서 살고 있는 교회왕들에게 철퇴처럼 날아온 비보였다. 이는 예견된 일이었다. 개신교 스스로가 정화하지 못하기에 일어난 일이었다. 이는 야훼가 야훼의 일반 은총들 중의 하나인 '법률'이라는 도구를 사용한 것이다.

십일조헌금 금지법에 의해 십일조헌금 치유센터가 세워졌다. 십일조 신학교와 십일조 교회들이 문을 닫기 시작했다. 이 법에 의해 교회 일꾼들의 생활비도 공평하게 기본 생계비 중심으로 지급하게 됐다. 나머지는 교회 밖 세상을 위해 사용해야 했다. 계산을 해보니 거의 70% 이상을 사용할 수 있었다.

가장 먼저 보내진 곳이 있었다. 돈이 없어서 심장 수술을 받지 못하는 아이들에게 보내졌다. 병원들도 감동을 받아서 30~50% 비용을 부담하겠다고 했다.

여러 기관과 단체에도 야훼벗들의 성금이 증가되기 시작했다.

해외 선교사들에게도 새로운 선교 정책을 통보했다. 가난한 나라에서 사역하던 해외선교사들도 성전 짓기나 십일조 요구를 금지해야 했다. 당장 하루 세끼 먹는 것조차 어려운 사람들이기 때문이다. 그래서 그 건축비로 비즈니스 선교정책으로 전환했다. 선교사들도 정신을 차려서 다시 생각해보니, 성전을 짓고 십일조를 내면 잘 살 수 있다고 가르친 것이 허황해 보였다. 그 대신, 야훼가 창조한 세계 안에 있는 도구들을 선용하는 것이 진정한 선교적 삶이라는 것을 깨달았다. 그래서 야훼나라의 경제정의 원칙에 의해 경제 자립부터 시도했다. 이제는 복음만이 아니라 '복음＋빵' 이 필요하다는 것을 인식했다.

'십일조 노예 해방의 날' 이 제정되다

모처럼 다가온 평화, 자유, 기쁨이었다. 이에수스 안에서 나누는 우정이었다. 진정으로 '야훼벗' 이라는 신분 의식을 새롭게 되찾았다.

십일조헌금을 내지 않았을 때 복을 받았을까 벌을 받았을까? 사는 형편이 더 좋아졌을까 더 나빠졌을까? 결코 벌을 받지 않았다. 더 잘살게 됐다.

가장 큰 변화는 십일조헌금이라는 돈에 대해 자유로워졌다는 사실이다. 처음으로 물질에 대해 야훼가 준 자유를 누리기 시작했다. 먼 하늘을 쳐다볼 때나 한국은행 지폐를 바라볼 때나 그 느낌은 마찬가지였다.

오히려 교회왕들이 더 가난해졌다. 기본 생계비 정도만 받게 되어서다. 수입이 줄어든 것이다. 그러자 사임하는 교회왕들이 생겨났다. 차라리 공사판에 가서 막일이라도 하겠다고 했다. 차라리 생각을 잘한 결단이었다.

누가 더 복을 받았을까? 10% 십일조헌금을 내지 않는 야훼벗들이 더 복을 받았다. 그렇다고 지갑을 닫아버리지 않았다. 십일조헌금 할 때나 성금 혹은 기부금을 낼 때나 큰 차이가 없었다. 자유로워진 것이 큰 차이였다. 그래서 오히려 내는 금액이 더 많아지고 있었다.

전도 메시지를 전하지 않아도 교회당으로 찾아오는 사람의 숫자도 늘어났다. 자동 전도 효과였다. 주로 평소에 교회왕들의 십일조헌금, 아니 돈에 대한 불만이 있었던 사람들이었다. 정말 야훼의 손길을 발견했다는 것이다.

십일조 내지 않았다고 우환에 직면하지도 않았다. 교회왕에게 불순종을 했다고 해서 무슨 일이라도 생겼을까? 아니었다. 가정에 모처럼 평화가 임한 곳도 있었다. 십일조헌금이라는 돈 때문에 월급날마다 정기 행사처럼 일어난 부부 싸움도 사라졌다. 아이들이 더 행복해 했다.

야훼가 준 자유권 안에서 필요한 바대로 여러 단체에 자유롭게, 기쁘게 성금을 내기 시작했다. 야훼벗들이 더 똑똑해진 것이다. 이제는 노예처럼 당하지 않을 것이란다. 자유로운 신앙고백인으로 살아가겠다고 했다. 야훼벗들의 수준이 향상된 것이다. 믿음도 더 성숙해졌다.

속았다며 이제는 한 푼도 내지 않겠다고 결심한 사람도 있긴 있었다. 이 기회에 한 푼이라도 아끼겠다고 결심한 사람도 있었다. 돈 내고 어떤 대가도 기대하지 않아야 한다는 말을 들어서다. 그들은 교회당을 투자처로 오해한 자들이었다.

간혹 이 자유 권리 행사, 곧 성금을 내는 일에도 지연·학연·혈연 관계에 의해 하는 사람도 있긴 있었다. 하지만 대부분 십일조헌금을 낼 때보다 더 많은 성금 운동에 참여했고, 사회 여러 단체에 성금도 늘어났다. 평소 돕고 싶은 단체가 있었는데 출석하는 교회당에 십일조헌금을 바쳐야 한다고 하는 '십일조 율법' 때문에 망설였던 야훼벗들이었다. 반대파 교회왕들도 더 이상 어떻게 할 수 없었다. 야훼가 준 자유권을 행사하는데 뭐라고 할 말이 있겠는가.

아, 그런데 이게 웬일인가? 여러 단체와 기관에 현금이 쌓이기 시작하자 과거 교회당과 같은 일들이 일어났다. 돈이 쌓이는 곳에는 늘 인간의 타락한 본성이 드러나기 마련이다. 갖가지 부정부패가 돋아 난 것이다. 그래서 법이 다시 개정되지 않을 수 없었다. 몇 사람은 구속되기까지 했다.

가장 큰 변화는, 야훼벗들이 세상 속에서 삶의 태도가 달라지기 시작했다는 점이다. 스스로를 십일조 소명자라로 여겼는데 이제는 세상 속에서의 소명자로 여겼다. 10% 바치고는 할 일을 다 했다고 여긴 것이 잘못된 생각임을 알아서다. 세상 속에서의 진정한 소명을 찾은 것이다. 한국사회 안에 여전히 난무하는 악과 고통을 제거하고 줄어들게 하는 소명을 감당하고자 애쓰기 시작했다. 마음을 먹으니 눈에 보이기 시작했다.

더 성숙해졌다. 더 자유로워졌다. 십일조 노예들이 해방됐다며 십일조 노예해방의 날 기념일도 제정됐다. 곳곳에서 조촐한 잔치까지 벌였다.

십일조 노예해방의 날이 제정되던 날이었다. 대국민 사과문과 대야훼벗 사과문 및 십일조 노예해방 선언문을 발표했다. 뒤늦었지만 십일조 장례식도 치뤘다. 십일조 때문에 상처받은 사람들을 위한 치유의 시간도 가졌다. 해외 토픽뉴스로까지 퍼져나갔다. 2천여 년 동안 논쟁점이었던 십일조 문제가 한국에서 해결됐다며 축하 메시지가 전해졌다.

막을 수 없는 변화

십일조 도둑이라고 하던 교회왕들이 되레 십일조 날도둑으로 몰린 것은 또 다른 역설이었다. 그러자 자발적으로 월급에서 기본 생계비 이상을 받던 금액을 다 반환했다. 기본 생계비만 받고서 사역할 사람만 교회 일꾼이 되어야 한다는 대원칙이 세워졌다. 그러자 신학교 지원자 수가 절반으로 격감했다. 재단 이사들은 고민이었다. 넓은 대학 부지와 텅텅 빈 건물을 어떻게 해야 할 것인가를 아무리 의논해도 답이 나오지 않았다. 반면, 소수 정예 중심으로 내실 있는 교육기관이 되었다고 기뻐했다.

야훼벗 경제인들과 경제학자들이 모였다. 비야훼벗들도 참석시켰다. 야훼의 일반은총 수혜자들이어서다. 먼저 십일조 노예에서 해방됐다며 다들 기뻐했다. 항상 교회당 안의 돈과 관련된 위원회의 위원장을 자동적으로 맡아야 했던 사람들이었다. 어떤 사람은 목표에 미달되면 위원장이 알아서 채우라는, 교회왕의 무언의 압력까지 받아서 대출을 받아 채워야 했고 그걸 상환하느라 10년이라는 세월을 보내야 했다며 '아픔의 간증'을 했다.

야훼가 선물로 준 자유 안에서 여러 단체나 고난과 고통 속에 있는 이들을 돕는 성금을 자유롭게 할 수 있어서 흐뭇해 했다. 또한 경제 전문인들로서 10% 부자 비결을 추구했던 것은 뉘우쳤다.

야훼의 창조 질서 안에 있는 가장 합리적인 한국적인 경제 원리를 연구하기 시작했다. 인간이 저지른 과오라서 인간이 해결할 수 있었던 것이다. 이는 야훼의 창조원리였다.

마침내 노력의 결과를 맺었다. 한국적이라는 독특성이 있지만, 세상 만민을 먹일 수 있는 원리였다. 야훼의 경제 정의를 실현할 수 있는 새로운 경제 원리였다. 야훼나라에 합당한 경제 원리, 자본주의와 사회주의를 능가하는 새로운 경제 원리, 역사 이래로 가장 합리적인 경제 원리로 서로 잘사는 세상을 만드는 길이 열렸다고들 기뻐했다. 얼마 후 노벨상 후보로 지정됐다는 소식도 날아왔다.

이처럼 교회당 안의 십일조헌금 10%가 해결되자, 한국사회는 물론, 세계 공동체의 경제문제가 해결되는 현상까지 일어났다. 야훼의 샬롬(평화)이 새롭게 임했다.

십일조헌금을 폐지하니 야훼벗 수가 늘어나기 시작했다. 의외의 결과라서 다들 놀라워했다. 누가 말한 그대로였다. 야훼를 모르는 사람이 어떻게 그런 예견을 적중시킬 수 있었는지 더 놀라워했다.

공동체 성금도 십일조헌금에 비해 약간의 차이가 있었지만 반 토막 나듯 줄어들지는 않았다. 무엇보다 자신이 낸 성금이 정말 투명하게, 의미 있게 사용되자 너무나 기뻐했다. 더 많이 내고 싶어 했다.

비야훼벗들이 더 놀라워했다. 처음에는 다들 심각한 소요 사태가 일어날 것으로 생각했다. 예상과는 달리, 차분히 매우 지혜롭게 합리적으로 십일조헌금 문제를 해결하는 것을 보고서 더 큰 충격을 받았다고 한다. 어떤 비야훼벗들은 그 충격에 의해 무의식적으로 자발적으로 가까운 교회당에 등록했다고 한다. 야훼가 준 충격이라고 했다.

야훼벗들이 이제야 제대로 된 한국사회에 영향력을 끼치기 시작했다. 인간이란 돈만으로 사는 것이 아니라는 것, 돈만으로 살 수도 없다는 것, 돈이 최고가 아니라는 의식 구조가 형성되게 했다. 돈과 권력 최고주의가 무너지기 시작했다.

한국사회도 달라지지 않을 수 없었다. '즐거운 사기꾼, 사기꾼이 잘사는 나라' 라는 표어가 사라지기 시작했다.

의사들도 십일조의 원래의미를 연구하느라 분주했다. 십일조헌금 때문에 상처 입은 환자들이 계속 찾아와서다. 그 환자들 중에는 재산이 많은 기업인들을 비롯하여 의사들, 판검사들, 변호사들, 교원들 등 한국사회의 엘리트라고 하는 사람들 상당수가 있었다.

간혹 최후의 발악을 하듯 몰래 성전 짓기를 하는 교회당이 있었다. 그런데 놀라운 변화가 있었다. 야훼벗들이 더 이상 속지 않는다며 십일조헌금은 물론 건축비조차 내지 않았다. 무너진 성전, 유대인들도 짓지 않는 성전을 왜 한국인이 세워야 하는가 하면서 거부했다. 이전에는 이런 거부에 대해 상상조차 할 수 없었다. 자유의 힘을 마음껏 누리는 거부였다. 얼마 후 그 교회당은 경매로 넘어가고 말았다.

이런 놀라운 변화 와중에도 꼼수를 부리는 자도 있었다. "기본 생계비 한 푼도 받지 않겠다. 나는 야훼만 바라보겠다." 라고 하더니만

나중에 야훼벗들에게 개인 계좌 번호를 알려주었다. 형편대로 선교 후원비를 입금해달고 했다. 그러자 그 금액이 종전에 받던 사례비보다 몇 배 더 많았다. 그러자 야훼벗들이 보고만 있지 않았다. 예금주를 교회공동체 이름으로 바꾸고, 반드시 회계 감사를 받도록 했다. 이 일도 새로운 변화였다.

한시적·폐기적 사타나스

사타나스는 분을 참지 못했다. 성공 바로 직전에서 실패를 했기 때문이다. 새로운 전략을 찾기 시작했다. 하지만 사타나스도 이에수스의 죽음에 의해 이미 치명적인 부상을 입고 있었다. 거의 파멸 상태였다. 야훼는 사타나스를 자신의 통제권 아래 두고서, 이에수스를 다시 지구촌 종말 사역을 위해 보낼 때까지만 그를 한시적으로 살려두기로 했다. 야훼가 필요한 일이 있어서다. 사타나스도 이에수스 시대에 한시적·폐기적 율법처럼, 한시적·폐기적 사타나스가 되어 있었다. 이에수스가 공생애를 시작했을 때, 특히 십자가에서 숨을 거둘 때, 이미 그의 파멸이 시작됐지만, 이에수스가 다시 올 때까지만 한시적으로 활동을 허용했다.

사타나스는 남아 있는 힘으로 어떻게 할 것인가를 고민하다가 새로운 다른 전략을 짜내고자 다시 꿍꿍이실로 들어갔다.

1. 교회공동체가 십일조헌금을 폐지했을 때 일어날 수 있는 일들은 무엇이라고 생각하는가?

2. 교회공동체의 재정문제 해결을 위한 대안으로 어떤 것이 있다고 생각되는가?

3. 교회공동체가 자체적으로 십일조헌금 문제를 해결하지 못한다면 다른 대안이 없는가?

4. 진정한 교회공동체는 재원을 어떻게 사용해야 하는가?

5. 십일조헌금 문제 해결과 한국사회는 어떤 관계성이 있는가?

십자가에 못 박힌 십일조

초판 1쇄 인쇄 2016년 10월 4일
초판 1쇄 발행 2016년 10월 11일

책쓴이 안용수
펴낸이 진경숙
편 집 박수진
디자인 김경옥

펴낸곳 도서출판 책평화
주 소 서울특별시 강남구 자곡로3길 22 307동 1008호
전 화 02-2684-7778
팩 스 02-2684-4355
이메일 chinks1004@hanmail.net

ISBN 979-11-953950-3-3